自我一致性和功能一致性对主题公园游客忠诚度影响研究

许 刚 张莺莺 著

中国旅游出版社

前 言

　　游客忠诚度对于主题公园这种具有特殊属性的旅游形式具有重要意义。重游意愿、推荐意愿、正面评价意愿、支付意愿是游客忠诚度的重要指标。对于主题公园来说,重游率非常重要。与许多其他类型的景区不同,主题公园高度依赖周边市场,并非常重视周边市场的重游率。提高游客忠诚度,鼓励他们来主题公园重游,是主题公园运营的关键。忠诚的游客通过在网络媒体上传播积极的体验可以为旅游目的地创造价值。信息化时代,口碑(WOM)被认为是最强大的沟通工具,将影响目的地的选择,以及旅游目的地品牌的形成与发展。培养游客忠诚度也是主题公园必须跨越的一个门槛,以突破其对门票收入的高度依赖。未来,主题公园衍生品的销售和IP的输出也离不开忠实客户群的支持。因此,游客忠诚度是主题公园提升综合竞争力的关键因素。

　　游客的决策过程受到理性因素(实用性、功能性)和心理性因素(象征性)的影响。旅游者既根据旅游目的地的功能或实用属性(功能一致性),又根据旅游目的地的象征性（人格化）特征（自我一致性）来对旅游目的地进行评估。目前，学术界有对这三个变量（自我一致性、功能一致性、旅游者行为）进行综合研究的趋势。在旅游研究领域，在对自我一致性、功能一致性的影响进行建模时，大多数研究将游客忠诚度作为结果变量。但到目前为止，学术界还缺乏对自我一致性和功能一致性对主题公园游客忠诚度综合影响的研究。主题公园旨在建立一种沉浸式环境，唤起一种另类现实的感觉。这些主题公园被视为象征性景观，体现了来自故事、书籍、戏剧和电影等各种形式媒体的文化叙事，使游客能够参与到这些叙事之中。因此，自我一致性的概念与在主题公园的背景下的消费具有关联性，因为它与主题公园产品的象征价值密切相关。主题公园体验被广泛认为是塑造个人自我认同的一个重要因素，顾客在这些环境中的积极参与是一种自我表达和自我定义的手段。同时由于配置了一定规模的娱乐设施，功能性也是主题公园的主要属性。因此，本研究将自我一致性、功能一致性、主题公园游客忠诚度进行建模研究，以自我一致性为自变量，功能一致性为中介变量，主题公园游客忠诚度为结果变量，并引入游客的旅游经历、停留时间、旅游涉入作为调节变量，探讨自我一致性和功能一致性对主题公园游客忠诚度的影响，使用问卷工具在无锡四大主题公园获得基础数据，利用 AMOS24 结构方程模型和 SPSSAU 分析得出研究结论。

本研究的创新之处主要有以下几点：第一，本研究将自我一致性和功能一致性理论引入主题公园游客忠诚度研究领域，为提升主题公园游客忠诚度提供了一个新的研究视角；第二，本研究进一步完善了自我一致性直接测量方法，根据此方法，主题公园管理或营销人员可以较全面地了解主题公园游客的人格特征并以此作为主题公园个性形象调整的依据；第三，本研究对旅游涉入在自我一致性对功能一致性影响中的调节作用进行了探讨，而以前的文献以自我一致性或功能一致性对旅游行为影响的调节变量的研究居多，对于自我一致性对功能一致性影响的调节变量的研究很少；第四，本研究对旅游涉入对功能一致性在自我一致性与主题公园游客忠诚度之间因果关系的中介调节作用进行了探析，而以前的相关文献中对此很少涉及。

由于作者水平有限，加之时间仓促，疏漏、不妥之处在所难免，敬请读者批评指正。

作者

2024 年 11 月于无锡

目 录

第一章 绪 论

第二章 理论基础

第三章　文献综述与研究假设

第四章　研究方法

第五章　数据分析

第六章　总结及不足之处

第一章

绪　论

　　主题公园发展面临着机遇与挑战，提高目的地忠诚度已成为一种重要的目的地管理策略（Lehto 等，2004），学者们对研究驱动目的地忠诚度的因素表现出浓厚的兴趣（Zhou 等，2022），理解影响主题公园游客忠诚度的各种因素变得至关重要。本研究将自我一致性和功能一致性要素引入对主题公园游客忠诚度的研究，旨在阐明自我一致性和功能一致性对主题公园游客忠诚度的影响。

一、研究背景

（一）实践背景

　　自 1955 年加州阿纳海姆迪士尼乐园落成以来，全球主题公园行业经历了显著的增长。1989 年，深圳"锦绣中华"开业，取得巨大成功，标志着中国第一家真正主题公园的诞生。此后，中国的主题公园如雨后春笋般迅猛增长，掀起了一阵阵发展浪潮。主题公园因对顾客追求享乐体验的吸引力而成为旅游业快速发展的一部分（Dong 和 Siu，2013；Fu 等，2020）。

　　从全球主题公园市场来看，2022 年欧美和中东的主题公园市场火热，亚太市场则处于复苏过程中。数据显示，全球排名前 25 的主题公园的累计游客人数达到 1.78 亿人次，与前一年相比增长了 26.27%。就细分地区而言，西欧地区巴黎迪士尼乐园、艾夫特林公园和冒险港等受欢迎的主题公园在 2022 年都创下了历史新高，该地区的整体旅游水平已恢复到 2019 年的 98%。随着 2022 年市场限制的放松，此前被抑制的需求也得到释放，大部分主题公园吸引了相当数量的游客。2023 年，全球主题公园市场规模继续增长。

随着近年来中国经济的快速发展，主题公园产业也迎来了蓬勃发展的势头。2019 年，中国主题公园客流量达到 2.2 亿人次，2021 年主题公园客流量再创新高，达到约 2.3 亿人次。受疫情影响，2022 年国内主题公园客流量降至 1.48 亿人次。2023 年，受到观光旅游目的地热度上升的推动，国内主题公园市场恢复到 2019 年的 81.38%。数据显示，2022 年，中国主题公园数量约为 3180 座，同比增长 0.95%。其中，大型主题公园约占 13%，中小型主题公园占比 87%（智研咨询，2023）。目前，中国主题公园市场规模已位居世界第二，并将继续增长。

从 2017 年至今，国内居民人均消费水平不断提高，人们的文化娱乐支出增加，游客的消费观念也发生了变化。旅游消费趋势和参与式、体验式、个性化娱乐消费需求显著增长，这也推动了主题公园规模的快速增长。中国市场增长的潜力来自庞大的人口基数。根据著名管理咨询公司麦肯锡 2022 年年底发布的一份研究报告，只有 27% 的中国人去过主题公园，与发达国家市场 68% 的平均水平相比，中国主题公园仍有显著的增长空间。

主题公园可以有力地促进当地的就业和经济发展。目前，一个主题公园可以为当地带来约 3000 个就业机会，延伸产业链后，可以给当地带来约 30000 个就业机会。主题公园还可以有效带动交通、酒店、零售等行业的发展。据研究，1 元的主题公园消费将带动 12~15 元的上下游产业消费（荆楚网，2023）。

然而，中国主题公园与国际品牌主题公园却存在明显的差距。在中国主题公园研究院对 2022 年中国 70 家有代表性的大型主题公园样本的评价中，从市场竞争力排名来看（见表 1-1），上海迪士尼乐园以压倒性优势拔得头筹。说明中国主题公园与国际品牌主题公园市场竞争力的差距巨大，在市场竞争力方面有很大的提升空间。在中国主题公园研究院对 2023 年中国 80 家有代表性的大型主题公园样本的评价中，从综合竞争力排名上来看（见表 1-2），上海迪士尼以绝对优势位列第一，北京环球影城跃居第二，国际品牌主题公园遥遥领先，主题公园综合竞争力悬殊较大。在重游率方面，迪士尼、环球影城等国际主题公园的重游率高达 60%~70%。在旅游业发达的国家，主题公园的重游率超过 70%，日本东京迪士尼乐园的重游率甚至高达 83.6%，使其成为全球六大迪士尼乐园中利润最高的乐园。然而，根据调研数据显示，国内主题公园与国外主题公园相比，重游率偏低，即便重游率较高的如深圳欢乐谷、东部华侨城等，也只有 30%~38%（中国主题公园研究院，2020），这背后是游客忠诚度的问题（旭科讯，2024）。在盈利水平方面，虽然中国主题公园游客数量可观，但是盈利水平却远远不如国外主题公园，相比之下，中国主题公园大多依赖门票收入，盈利模式普遍单一，购物和衍生品消费较低（来也旅游规划，2018）。这些都反映了中国主题公园游客忠诚度相对偏低，是一个值得研究的问题。

表 1-1　中国主题公园市场竞争力评价

主题公园名称	得分	排名
上海迪士尼乐园	100	1
珠海长隆海洋王国	44.22	2
北京欢乐谷	37.66	3
武汉欢乐谷	29.39	4
上海欢乐谷	28.82	5
重庆欢乐谷	26.63	6
上海海昌海洋公园	26.42	7
深圳世界之窗	25.80	8
广州长隆欢乐世界	25.68	9
深圳欢乐谷	24.60	10
长沙世界之窗	24.53	11

续表

主题公园名称	得分	排名
卡乐星球欢乐世界	24.06	12
环球动漫嬉戏谷	24.04	13
成都欢乐谷	23.76	14
大连海昌发现王国	23.61	15
东方山水乐园酷玩王国	23.25	16
世界公园	22.94	17
锦绣中华+中国民俗文化村	22.43	18
无锡融创乐园	20.66	19
南昌融创乐园	20.66	20
（金华横店）梦幻谷	20.56	21
七彩云南·欢乐世界	20.37	22
贵安欢乐世界	19.89	23
青岛方特梦幻王国	19.55	24
荆州方特东方神画	19.49	25
天津欢乐谷	19.31	26
绵阳方特东方神画	19.14	27
成都国色天乡一期童话世界	19.02	28
苏州华谊兄弟电影世界	18.95	29
合肥融创乐园	18.83	30
沈阳方特欢乐世界	16.89	31
宁波方特东方神画	16.45	32
银基动物王国	16.35	33
天津方特欢乐世界	16.23	34
郑州方特欢乐世界	16.11	35

续表

主题公园名称	得分	排名
芜湖方特梦幻王国	16.02	36
广州融创乐园	15.18	37
泉城欧乐堡梦幻世界	14.71	38
南京欢乐谷	14.47	39
苏州乐园森林世界	14.44	40
武汉海昌极地海洋公园	14.25	41
杭州宋城	14.15	42
青岛海昌极地海洋公园	14.04	43
徐州乐园欢乐世界	13.68	44
华谊兄弟长沙电影小镇	13.47	45
大连老虎滩海洋公园	13.41	46
蓬莱欧乐堡梦幻世界	13.22	47
西宁新华联童梦乐园	13.10	48
成都融创乐园	13.06	49
南宁方特东盟神画	12.78	50
泰安太阳部落主题公园	12.75	51
杭州 hello kitty 乐园	12.70	52
哈尔滨融创乐园	12.41	53
淹城春秋乐园	12.38	54
长沙方特东方神画	10.92	55
郑州建业·华谊兄弟电影小镇	10.40	56
乐华恒业欢乐世界	10.10	57
株洲方特欢乐世界	10.06	58
芜湖方特东方神画	9.98	59

续表

主题公园名称	得分	排名
郑州方特梦幻王国	9.84	60
中华恐龙园	9.23	61
大同方特欢乐世界	8.64	62
厦门方特梦幻王国	7.91	63
济南方特东方神画	7.53	64
邯郸方特国色春秋主题乐园	7.37	65
株洲方特梦幻王国	6.82	66
泰安方特欢乐世界	6.51	67
嘉峪关方特丝路神画	6.43	68
厦门方特东方神画	6.23	69
嘉峪关方特欢乐世界	6.11	70

（来源：中国主题公园评价报告 2022）

表1-2　中国主题公园综合竞争力评价（前25名）

主题公园名称	得分	排名
上海迪士尼乐园	100	1
北京环球影城	85.35	2
上海海昌海洋公园	35.42	3
珠海长隆海洋王国	34.79	4
北京欢乐谷	31.08	5
广州长隆欢乐世界	23.44	6
重庆欢乐谷	21.46	7
武汉欢乐谷	19.54	8
深圳欢乐谷	19.31	9
上海欢乐谷	18.97	10

主题公园名称	得分	排名
成都欢乐谷	17.86	11
天津欢乐谷	16.66	12
南京欢乐谷	15.86	13
银基动物王国	15.04	14
深圳世界之窗	13.98	15
太原方特东方神话	13.73	16
沈阳方特欢乐世界	13.56	17
大连老虎滩海洋公园	12.90	18
广州融创乐园	12.70	19
长沙世界之窗	12.63	20
中华恐龙园	12.42	21
郑州方特欢乐世界	12.38	22
青岛方特梦幻王国	12.33	23
绵阳方特东方神画	11.49	24
合肥融创乐园	11.41	25

（来源：中国主题公园评价报告 2023）

（二）理论背景

忠诚度是指消费者反复购买产品或服务的坚定承诺（Oliver，1999）。忠诚的消费者与重复的购买行为、积极的口碑和愿意为所购商品支付更高的价格密切相关（Cheng 等，2020；Shamah 等，2018；Zeithaml 等，1996）。通常情况下，客户品牌忠诚度价值相当于单次购买的 10 倍价格。如果客户喜欢某种产品或服务，他将告诉 3 个人。如果他们不喜欢，则将告诉 11 个人。换言之，不满意的消费者更有可能向他人报告他们的不满（Mantel，2001）。对旅游目的地忠诚度高的游客会产生强烈的地方依恋，在目的地消费更多、逗留时间更长，并且积极地向他人推荐（Fu，2019），因此能形成旅游目的地稳定的客源，降低旅游目的地的盈利风险，有力地促进旅游目的地竞争优势的形成（Fornell，1992；Cheng，2016）。游客忠诚度成为旅游营销的终极目标（Usakli等，2022）。由于旅游地之间竞争的加剧以及对游客忠诚价值的认识，旅游目的地忠诚度已成为目的地营销和管理研究的关键组成部分（Kumar，2016；Fu，2019）。提高旅游目的地、旅游景区、旅游产品的忠诚度已成为一项重要的旅游管理战略（Lehto等，2004），学术界对影响旅游忠诚度机制的研究有着显著的兴趣（Zhou等，2022）。

根据 Browne 等人（2001）的研究，主题公园是一种社会艺术作品，通过有目的地构建形成的一种包括真实和虚构的时间和地点的四维象征性景观。主题公园区别于一般原生性旅游景区的地方是斥巨资"无中生有"建设人造景区，旨在向特定目标市场出售真实性、梦幻、逃避现实和快乐体验（Bigne等，2005；Ma等，2013；Raluca 和 Gina，2008）。因此，主题公园这种大量的资本投资推动模式促使主题公园管理者和运营商的首要目标是吸引回头客以增加收入（Raluca 和 Gina，2008）。客户忠诚度有助于获得竞争优势（Fornell，1992）。获得竞争优势的关键在于客户忠诚（Ali，Ryu 和 Hussain，2015）。客户忠诚度已被确定为主题公园持续发展的重要决定因素（James，2013）。迪士尼忠诚的客户是出于对迪士尼品牌的自我认同并主动地涉入，积极地向他人传达品牌热情，并扮演品牌倡导者的角色。这种行为在 Disneyfanatic.com 和 Mickeysfanatics.com 等网站中表现得尤为明显，这些网站与迪士尼并没有官方联系，而只是由粉丝建立和维护。根据 Fu 等人（2017）的研究，迪士尼的首游游客回头率为 70%。回头客每增加 1% 就可以带来可观的收入增长，可达数百万美元。当今市场面临新的挑战，在体验经济的背景下，对产品或服务价值的评价不仅包括其有形属性，还包括其提供体验的情感、象征价值，这对于理解主题公园满意度和忠诚度的各种影响因素至关重要。正如 Milman（2009）所指出的，主题公园旨在建立一个沉浸式环境，唤起一种另类现实的感觉。这些主题公园被视为象征性景观，体现了来自各种形式的媒体的文化叙事，如故事、书籍、戏剧和电影，使游客能够充分参与这些叙事之中（King，2002）。因此，自我一致性的概念与在主题公园的背景下的消费具有关联性，因为它与主题公园产品的象征价值密切相关。主题公园体验被广泛认为是塑造个人自我认同的一个重要因素，顾客在这些环境中的积极参与是一种自我表达和自我定义的手段（Clavé，2007）。随着游客在旅游消费过程中越来越重视象征价值，一个景区的象征性价值在旅游决策中的影响作用日益凸显。然而，当前主题公园的主要学术研究忽略了其象征性价值在游客忠诚形成过程中的意义。到目前为止，关于自我一致性与主题公园游客忠诚之间的关系，学术界的研究还很有限。

消费者的购买决策过程不仅包括对产品的实用性或功能性特征的评价，还包括对产品的价值表达或人格属性（象征性）的评价（Sirgy，1982）。产品的形象可以划分为两类：功能性形象和象征性形象。与产品相关的物质利益（如服务质量、价格、场所的美学吸引力等）属于功能性形象，而象征性形象是指消费者对特定产品持有的典型的人格化印象（Sirgy 和 Su，2000），这些通常用产品的典型用户形象来表达（如摩登的、优雅的、浪漫的、时尚的、青春的等）。消费者的决策不仅是消费者期望的产品功能和产品的实际表现（功能性形象）一致性的评价函数，也是消费者自我形象和产品形象（象征性形象）一致性的评价函数（Sirgy 等，2005）。产品满足消费者两类利益（功能性利益、象征性利益）的程度，是对产品进行分类的一种有用方法（Ahn，2010）。研究认为，游客的决策过程受到理性因素（实用性、功能性）和心理性因素（象征性）的影响（Sirakaya 等，2001）。旅游者既根据旅游目的地的功能或实用属性（功能一致性），也根据旅游目的地的象征性（人格化）特征（自我一致性）来对旅游目的地进行评估（Sirgy 和 Su，2000）。目前，学术界有对这三个变量（自我一致性、功能一致性、旅游者行为）进行综合研究的趋势（Hung 和 Petrick，2012）。在旅游研究领域，在对自我一致性、功能一致性的影响进行建模时，大多数研究将游客忠诚度作为结果变量（Hung 和 Petrick，2011，2012；Kang，2013；Sop，2019；Wu，2022；Zhou，2022）。但到目前为止，学术界还缺乏对自我一致性和功能一致性对主题公园游客忠诚度联合影响的研究。

因此，本书将自我一致性和功能一致性理论应用于主题公园游客忠诚度研究，探讨自我一致性和功能一致性对主题公园游客忠诚度的影响。

二、问题陈述

（一）自我一致性文献中主题公园研究的缺乏

了解游客为什么访问某个特定旅游目的地，以及他们为什么更喜欢这个目的地而不是其他目的地，是旅游研究的一个重要组成部分（Khan 等，1993；Sirakaya 和 Woodside，2005）。Sirgy 等（2000）认为自我一致性和功能一致性影响旅游出行行为。研究者一致认为，游客的决策过程受到理性（功利性）因素和心理（象征性）因素的影响（Sirakaya，2001）。随着研究的深入，自我一致性和功能一致性在解释旅游行为方面的重要性越来越突出（Asnawi，2022；Bynum Boley 等，2022；Kang 等，2013；Simanjuntak，2022；Usakli 等，2022；Wu 和 Lai，2022）。虽然旅游语境下的自我一致性理论研究取得了长足的进展，但目前关于主题公园自我一致性研究的文献很少（Fu 等，2017；2020），关于主题公园旅游行为中自我一致性和功能一致性共同作用的研究更是空白。尽管已有不少旅游研究探讨了旅游情境下自我一致性和功能一致性对游客忠诚度的影响，然而其对主题公园的影响研究却较少。尽管 Fu 等人（2017）研究了自我一致性对主题公园游客忠诚度的间接影响，但目前缺乏关于自我一致性对主题公园游客忠诚度的直接影响以及自我一致性和功能一致性联合影响的研究。自我一致性和功能一致性对主题公园游客忠诚度的影响尚不清楚，属于研究空白，为了促进主题公园旅游，有必要了解主题公园的象征价值和功能属性在影响主题公园游客旅游决策方面的重要性。

（二）研究结论的欠稳健及研究不足

尽管之前的大多数研究证实了自我一致性在影响游客行为方面的作用（Phuong 等，2022；Usakli 等，2022；F. X.Yang 等，2022；S. Yang 等，2022；S. Zhang 等，2022），但尚有一些研究结果并没有支持自我一致性或其某个维度对游客访问意愿（Ahn 等，2013；Laurie Murphy，2007）、游客满意度（Hosany 和 Martin，2012；Cifci，2022）、推荐意向（Kastenholz，2004）和态度（Fu 等，2017）的影响。自我一致性效应的稳健性需要在更多的不同具体旅游情境中获得进一步验证，如主题公园。自我一致性和功能一致性是相辅相成的（Usakli 等，2022）。关于自我一致性和功能一致性之间的关系，自我一致性对功能一致性有偏见效应。尽管大多数研究结果支持偏见效应，然而 Su 和 Reynolds（2017）在对酒店客人的研究中得出了不同的结果，发现自我一致性和功能一致性之间没有直接联系。此外，过去的研究主要集中在自我一致性和功能一致性对旅游行为的直接影响上（例如，Hung 和 Petrick，2011，2012；Kang 等，2015；Kumar 和 Nayak，2014；S Lee 等，2017；Sop 和 Kozak，2019；Wang 等，2021；Wu 和 Lai，2022；Zhou 等，2022），功能一致性的中介作用在很大程度上被忽视了。研究表明，在解释和预测游客的意图和满意度方面，功能一致性比自我一致性更重要（Ahn 等，2013；Olsen，1991；Sop 和 Kozak，2019）。然而，也有研究表明，自我一致性是比功能一致性更有力的解释变量（Kumar，2014；Usakli 等，2022；Wu 和 Lai，2022；Zhou 等，2022）。原因可能在于不同的旅游情境和调节变量的影响。因此，为了支持和强化自我一致性和功能一致性对旅游行为的积极影响，应加强对自我一致性和功能一致性在不同旅游情境和不同调节变量下作用的研究。由于主题公园是一种特殊的旅游情境，在此方面进行研究是必要的。

（三）自我一致性测量新方法的不足

就自我一致性测量效果较好的新方法而言，由于自我一致性测量的新方法只是对游客自身形象与旅游目的地的典型游客形象之间的相似程度进行评分，管理者和营销人员不知道游客的自我一致性是基于主题公园的何种具体（个性）特征或形象维度，因此自我一致性测量的新方法不能直接用于设计营销传播。Sirgy 等人（1997）虽然改进了这种方法，使用受访游客提供的人格形容词来创建反映主题公园形象和个性的词云，以作为后续营销的依据。但如果游客自我一致性较低，管理者或营销人员将无法认识到游客的个性形象，也无法对主题公园的形象和个性进行调整。因此，自我一致性测量的新方法需要进一步改进或采取弥补措施。

三、研究目标

（一）总体目标

为了弥合文献和现实之间的差距，本研究的总体目标是构建和检验理论模型,该模型包括主题公园的自我一致性、功能一致性、旅游涉入、旅游经历、停留时间和游客忠诚度六个变量。本研究将重点测试主题公园的自我一致性、功能一致性、旅游涉入、旅游经历、停留时间和游客忠诚度六个变量之间的关系。根据研究结果,提出提高主题公园游客忠诚度的对策。

(二)具体目标

(1)测试自我一致性对主题公园游客忠诚度是否具有直接正向的影响。

(2)测试功能一致性对主题公园游客忠诚度是否具有直接正向的影响。

(3)测试主题公园自我一致性对功能一致性是否具有直接正向的影响。

(4)测试功能一致性对主题公园游客忠诚度直接正向的影响是否大于自我一致性的影响。

(5)测试功能一致性对自我一致性与主题公园游客忠诚度之间的关系是否具有中介作用。

(6)测试调节变量(旅游经历、旅游涉入、停留时间)对自我一致性、功能一致性、主题公园游客忠诚度之间关系的调节作用。

(7)弥补自我一致性测量新方法的不足,为后续主题公园形象和个性定位提供参考。

(8)根据研究结论,为提高主题公园游客忠诚度提供参考对策。

四、研究问题

根据研究目标,提出以下研究问题:

(1)自我一致性对主题公园游客忠诚度具有直接正向的影响吗?

(2)功能一致性对主题公园游客忠诚度具有直接正向的影响吗?

(3)主题公园自我一致性对功能一致性有直接正向的影响吗?

(4)功能一致性对主题公园游客忠诚度直接正向的影响比自我一致性的影响更大吗?

(5)功能一致性对自我一致性与主题公园游客忠诚度之间的关系具有中介作用吗?

(6)调节变量(旅游经历、旅游涉入、停留时间)对自我一致性、功能一致性、主题公园游客忠诚度之间的关系具有调节作用吗?

（7）如何弥补自我一致性测量新方法的不足？

（8）怎样提升主题公园游客忠诚度？

五、研究意义

（一）理论意义

从理论视角来看，本研究将为旅游目的地象征性和功能性消费研究领域做出以下贡献。

第一，本研究将填补主题公园研究领域缺乏探讨自我一致性和功能一致性对主题公园游客忠诚度共同影响的研究空白。通过构建理论模型，探究自我一致性、功能一致性、旅游经历、旅游涉入、停留时间以及游客忠诚度之间在主题公园情境下的效应关系，并且探究主题公园功能一致性的构成维度，从而促进自我一致性、功能一致性理论的发展。

第二，本研究为主题公园游客忠诚度研究提供了一个独特的视角，即自我一致性和功能一致性对主题公园游客忠诚度影响的视角，从而有助于主题公园背景下游客忠诚度研究的进展。

第三，本研究将进一步弥补自我一致性测量新方法的不足，以解决如果游客自我一致性较低，管理者或营销人员无法识别游客的个性形象、无法对主题公园的形象和个性进行调整的问题。

第四，本研究首次将停留时间（过夜／不过夜）作为调节变量引入自我一致性和功能一致性理论模型，探讨其对自我一致性和功能一致性与主题公园游客忠诚度之间关系的作用，从而可能增添旅游研究领域中自我一致性和功能一致性对旅游行为影响的新的调节变量。

第五，通过对功能一致性在自我一致性与主题公园游客忠诚度之间关系的中介作用的研究，弥补此方面研究的不足，进一步探究自我一致性效应的作用形式、作用机制。

（二）实践意义

游客忠诚度对于主题公园这种具有特殊属性的旅游形式具有重要意义。对于主题公园来说，重游率非常重要。与许多其他类型的景区不同，主题公园高度依赖周边市场，并非常重视周边市场的重游率。提高游客忠诚度，鼓励他们来主题公园重游，是主题公园运营商生存的关键。培养游客忠诚度也是主题公园必须跨越的一个门槛，以突破其对门票收入的依赖。未来，主题公园衍生品的销售和 IP 的输出也离不开忠实客户群的支持。因此，游客忠诚度是主题公园提升综合竞争力的关键因素。

本研究从自我一致性和功能一致性的视角研究主题公园游客忠诚度，主题公园从业者可以从这个角度更好地理解自我一致性、功能一致性、主题公园形象、主题公园人格、中介变量、调节变量、游客忠诚度等概念之间的关系。这些关系有助于进一步了解主题公园的客户，揭示如何提升主题公园游客忠诚，使其成为主题公园长期竞争优势。

通过自我一致性测量新方法不足之处的弥补措施，可以收集与游客个性形象相关的形容词，形成词云，主题公园营销人员可以根据词云识别与其主题公园个性形象相关联的优势、劣势或不足，从而做出相应的个性形象调整，以便更有效地营销他们的利基市场。

就游客而言，主题公园体验被视为自我认同的来源以及我是谁的表达（Clavé，2007）。因此，提高主题公园游客忠诚度不仅可以提高游客的旅游体验，还可以提高他们的生活幸福指数（Joseph Sirgy，2018）。

六、概念界定

（一）自我概念

自我概念，有时被称为自我形象或自我人格，是一个人作为对象的想法和感受的总和（Rosenberg，1979）。自我概念和自我形象与自我人格密切相关，所以，有时这三个术语可以互用。

（二）自我一致性

自我一致性是起源于西方的一个概念，美国营销学者 Sirgy（1982，1985）将自我一致性定义为消费者的自我形象与品牌或产品形象之间的相似性。旅游情境中的自我一致性，根据情境的不同，可以称为旅游目的地自我一致性、酒店自我一致性等（Kastenholz，2004；Sop，2019；Usakli，2022）。在旅游目的地情境下，自我一致性是游客的自我概念与旅游目的地游客形象之间的匹配。旅游目的地游客形象指经常到访某一旅游目的地的具有代表性的典型游客形象（Sirgy 和 Su，2000）。自我一致性是游客的自我概念和旅游目的地形象之间的匹配（Sirgy，2018）。根据自我一致性理论，游客的自我概念和旅游目的地人格之间应该存在一致性（Usakli 和 Baloglu，2011）。综合以上定义和表达，旅游目的地自我一致性是游客的自我概念/自我形象/自我人格与旅游目的地形象/旅游目的地游客形象/旅游目的地人格之间的匹配。

（三）功能一致性

功能一致性是指消费者在消费前对产品属性的感知与消费后对这些属性的评估之间的差异（Kressmann 等，2006）。根据不同的旅游情境，可以是旅游目的地功能一致性、酒店功能一致性等（Sop，2019；Usakli，2022）。在旅游目的地情境下，功能一致性是旅游目的地的功能/实用特征与旅游者对这些特征的理想期望之间的匹配。如旅游目的地所提供的服务水平、价格、地点的美学特征以及可进入性，都是旅游目的地功能/实用特征的例子。

（四）旅游目的地

在旅游研究文献中，旅游目的地有许多定义，本研究主要涉及两个定义。第一个定义是，由于旅游研究中强调以地理为导向的研究，旅游目的地通常被视为特定的地理位置，如国家、岛屿或城镇（Burkart，1974；Davidson，1997）。在这个定义中，旅游目的地是一个相对大规模的地理和行政空间，其设施也更加齐全，要素构成也更加复杂。旅游目的地包括旅游产品，根据 Medlik 和 Middleton（1973）的说法，目的地产品由五个部分组成：可达性、形象、价格、设施和旅游景区。

第二个定义是 Buhalis（2000）所描述的"旅游目的地是为消费者提供综合体验的旅游产品的集合"。根据他的论点，旅游目的地也可以是旅游者基于他们的旅行计划、文化和教育背景、旅行原因以及之前的经历而形成的感知概念。因此，他将旅游目的地描述为一个地理区域，游客将其视为一个非地图上或非政治决策背景下的独特的实体（Gunn，1988）。旅游目的地通常通过其品牌名称来获得身份，从而在游客心目中塑造其形象。由此看来，第二个定义的外延要宽泛得多。

在本研究中，在强调"主题公园"与"旅游目的地"的区别时，旅游目的地指第一个概念；在不强调主题公园和旅游目的地区别时，旅游目的地指第二个概念，第二个概念也包括主题公园。

（五）主题公园

主题公园可以定义为一种娱乐设施，围绕一个统一的主题提供广泛的娱乐活动，从而为朋友和家人提供娱乐（Lee 等，2017）。主题公园通常被视为世界上非常受欢迎的娱乐场所（Cheng，2016）。主题公园具有空间性、主题化、讲故事、技术、梦幻、怀旧和真实性等特征（Li 等，2020）。Liang 和 Li（2021）将主题公园定义为"一个封闭的空间，具有可控的入口和识别主题，通过表演性劳动或商品化形成一个能为游客提供主题体验和综合消费机会的场所"。

（六）游客、访客、旅游者、旅行者

游客、访客、旅游者、旅行者在现有文献中具有相似的含义，指的是到访某一旅游地的人（Akel 和 Cakir，2023；Cifci，2022；Luna-Cortes 等，2019；Nguyen 等，2023；Segota，2023）。因此，本研究对这几个词语不着意进行区分。

（七）游客忠诚

Oliver（1997）将品牌忠诚定义为，尽管外部因素和营销举措有改变消费行为的能力，但消费者仍对偏爱的商品或服务抱有强烈的重复购买愿望（Oliver，1997）。品牌忠诚分为态度忠诚和行为忠诚两种评估方法（Back，2005；Dick 和 Basu，1994），这两种评估方法分别指向消费者对一个品牌或商店的积极态度和在整个时期内的反复光顾行为。品牌忠诚也可以进一步扩展为游客对旅游目的地的忠诚（Oppermann，2000）。因此，为方便表达，在本研究中，游客忠诚与品牌忠诚、旅游目的地忠诚或旅游目的地品牌忠诚具有同等的含义。

（八）旅游目的地形象、旅游目的地游客形象、旅游目的地人格

旅游目的地形象是指一个人在一定时期内对特定旅游目的地的所有感知、期望、想法和信念的总和（Kim 和 Richardson，2003；Zhang 等，2014）。旅游目的地形象可分为旅游目的地认知形象和旅游目的地情感形象两个维度。游客对旅游目的地属性的信念和知识被称为旅游目的地认知形象，而他们对该地众多属性的感受或情感情绪反应被称为旅游目的地情感形象（Chen 和 Phou，2013）。据研究，旅游目的地认知形象和旅游目的地情感形象对旅游者对该地的忠诚有很大影响（Zhang 等，2014）。旅游目的地游客形象是旅游目的地形象（认知形象和情感形象）的重要组成部分。每个旅游目的地都被认为是符合特定人口统计特征和心理特征的游客经常光顾的地方。例如，一个普遍的印象是，世界各地的虔诚基督徒会前往耶路撒冷，这是一个受欢迎的宗教旅游目的地。这种对耶路撒冷游客的印象既包括人口统计特征（基督徒），也包括心理特征（宗教信仰或虔诚）。

在相关研究中，用旅游目的地人格代替旅游目的地游客形象（Ekinci 和 Hosany，2006；Laurie Murphy，2007）。在旅游研究文献中，旅游目的地人格是对品牌人格的沿用。根据 Ekinci（2003）的研究，旅游目的地品牌应该发展品牌人格，并与具有特定旅游目标的旅游者的自我形象产生连接。Aaker 和 Fournier 倡导的品牌人格思想是旅游目的地人格的基础（Aaker 和 Fournier，1995；Aaker，1997）。消费者被认为相信品牌具有真诚、激情、能力、成熟和坚韧等人格，即大五人格。通过使用 Aaker（1997）的品牌人格术语，Ekinci 和 Hosany（2006）将目的地人格定义为与目的地相关的地方人格特征的集合。为了充分挖掘旅游目的地人格的构成和特征，原始的品牌大五人格维度得以更新应用。更新应用的一个例子是，将旅游目的地人格维度确立为能力（如可靠）、神圣性（如圣洁）、活力（如年轻）、女性化（如优雅）和热情（Pan 等，2017）。旅游目的地人格的某些维度似乎比其他维度更能预测旅游行为，并可能受到与旅游目的地和游客本身相关的各种因素的影响（Ekinci，2006）。

此外，在感知的旅游目的地环境以及旅游目的地人格和旅游目的地游客形象之间存在必然的联系。更具体地说，用于推断旅游目的地游客形象的环境线索，同样也可以促进旅游目的地人格的形成。同样地，旅游目的地人格可能

会受到来访的旅游目的地游客形象的影响。反之亦然，因为旅游目的地人格一旦形成，就会影响到旅游目的地形象的发展。根据 Papadimitriou 等人（2015）的研究，旅游目的地人格会影响旅游目的地整体形象的塑造。这可能是认知一致性的结果（Abelson 等，1968）。因此，在本研究中，旅游目的地形象、旅游目的地游客形象和旅游目的地人格有时可以相互替代。

（九）旅游行为

本研究旅游行为中的行为是行为心理学中的概念。在行为心理学中，行为既包括态度也包括内隐性的意识历程。托尔曼认为，行为不仅包括可测量的外显行为，还包括内隐性的意识历程。旅游行为指游客对旅游目的地的态度、情感情绪、感知价值、偏好、选择、满意度、忠诚度、依恋、实际出行行为、口碑、重游意向、旅游幸福感等（Sirgy，2014，2018）。

第二章
理论基础

一、自我一致性的理论基础

（一）自我、自我概念及相关理论

1. 自我

自我是社会心理学的核心概念，是人们认识和感受自己的一种方式以及观察和接近社会的起点（Tang，2014）。自我本质上被定义为一个人可以宣称为自己的全部，包括他们的身体特征、家庭、配偶、朋友、工作名望等（William，1950）。詹姆斯认为自我具有双重性，并建议使用主观自我和客观自我来进行区分。主观自我是指自我中主动感知和思考的部分，客观自我是指在自我中被注意、思考或感知的方面，是指人们对自己是谁和自己是什么样的人的想法（James，2012）。Grubb 和 Grathwohl（1967）认为自我包括个人对自己作为对象的感知、态度和评估。这些定义明确地表明，自我是塑造人类行为的关键认知因素。

2. 自我概念

（1）自我概念的定义。

自我概念是人格心理学中的一个重要概念，被定义为"个人的思想和感受的总和，并将自己作为一个对象"（Rosenberg，1979）。Mehta（1999）将这一概念更简单地定义为一个人对自己的感知。自我概念可以通过三种方式影响人们的行为：第一，通过影响他们如何处理和解释信息；第二，充当行为指南，影响他们如何表达自己的行为和选择生活方式；第三，作为人们努力获得人格特质的动力（Brown，2012）。

（2）自我概念的特征。

了解自我概念的特征有助于理解自我概念的运作及其影响人们行为的内在机制。自我概念有以下五个特征：①习得性。自我概念不是天生的，而是后天形成的。人们对自我的认知是一个发展过程，社会交往和生活经历塑造了自我概念。根据 Grubb 和 Grathwohl（1967）的说法，个人的自我概念是在与他人互动的过程中建立的，在这些互动中，个人会努力提高自己。自我概念的主要关注点之一是社会互动（Markus 和 Wurf，1987）。根据 Onkvisit 和 Shaw（1987）的研究，人们通过与外部环境的互动，尤其是与他人的互动，获得了自我概念。②稳定性。尽管自我概念会随着时间和经验的变化而变化，但这是一个渐进的过程。在给定的时间段内，自我概念将保持相对稳定，使人们能够感知连续性，这对保持个人的自我认同至关重要。③独特性。每个人都有自己独特的自我概念，每个人的自我概念都会以不同的方式发展。自我概念的不同组成部分和结构的重要性因人而异。④目的性。自我概念引导人们的行为，捍卫、维护和提升个人自我概念或象征性自我是人类行为的基本目的之一。⑤复杂性。自我概念包括许多不同的组成部分。任何一个人都有多重自我概念，在不同的条件下，这些不同的成分和维度可以发挥相对独立的作用，从而使个体表现出不同的行为模式（Onkvisit 和 Shaw，1987；Turner 和 Reynolds，2011）。

（3）自我概念的分类。

许多研究人员认为自我概念是一个单一的变量，将其视为实际的自我概念，即对自己的感知（Birdwell，1968）。然而，从多维角度审视"自我概念"已成为学术界共识，因为随着时间的推移，自我概念被视为具有多个组成部分

（Johar 和 Sirgy，1991；Malhotra，1988；Onkvisit 和 Shaw，1987；Sirakaya 和 Woodside，2005；Sirgy 和 Su，2000）。

James 将"自我"分为四个方面：物质自我、社会自我、精神自我和纯粹自我（Blummer，1969）。Sirgy（1982）以及 Marcus 和 Nirius（1986）认为，一个人的自我认同反映了与一系列社会条件相关的方面，这支持了人们有多重自我的观点。根据 Sirgy 和 Su（2000）的观点，自我形象是多方面的，每个方面都代表着个人内心的恐惧和希望，并表明一个人在特定情况下可能会做什么（Beerli 等，2007）。自我概念被定义为"一个人对他或她自己的感知，不仅基于一个人的身体自我，还包括其所消费的产品和服务，以及与其有联系的人"（Todd，2001）。Sirgy（1980，1982）开发了一种四维方法来描述消费者行为中的自我概念（或自我形象）：实际自我概念（消费者如何看待自己），理想自我概念（消费者希望如何看待自己）、社会自我概念（消费者认为重要他人如何看待自己）和理想社会自我概念（消费者希望重要他人如何看待自己）。此种四维划分方法成为经典，在后来研究中被广泛应用。Sirgy 等人（2000）又将自我概念分为私人自我概念和公共自我概念，再将私人自我概念分为实际自我概念和理想自我概念，将公共自我概念分为社会自我概念和理想社会自我概念。

（4）自我概念的激活。

尽管每个人都有几个自我概念，但在特定的时刻，只有其中一个可以被激活，只有这部分被激活的自我概念才能指导人们的行为。激活的自我概念被称为"起作用的自我概念"，以区别于普通意义上的自我概念（Markus 和 Kunda，1986）。影响自我概念激活的因素有很多，Brown J D 将其分为个人因素和情境因素。其中，个人因素包括自尊、情绪、目标和身体因素；情境因素包括个人所扮演的社会角色、行为的社会背景、重要他人的存在以及最近发生的事件。当下的自我概念不仅受到个人因素和情境因素的直接影响，还受到这两个相互关联因素的结合影响。激活的自我概念将影响个体处理信息的方式以及他们的情绪和行为（Brown，2012）。

除了个人和情境因素外，有关研究还发现，不同文化背景下的人的自我概念存在许多差异。文化因素对自我概念的影响是整体的、综合的，它不仅直接影响个体自我概念的激活模式，而且一旦自我概念被激活，还会影响个人和情境因素的作用方式以及人们的行为模式。文化因素对自我概念的影响主要体现在两个方面：①不同文化背景下个体自我概念的稳定性不同。东方文化背景下的个体倾向于用"如果……那么"来定义自己，这意味着他们的自我概念随着不同的情境而变化，但在相同的情境下保持相对稳定（English 和 Chen，2007）。②来自不同文化背景的人对自己是谁、他人如何以及他们如何相互联系有着不同的看法。相比之下，西方文化更强调个人主义，强调个人的独立性和独特性，而东方文化更强调集体主义，鼓励人们关注自己与他人的共性，而不是自己的独特性和优势（Markus 和 Kitayama，1991）。

3. 与自我、自我概念相关的理论

（1）认知失调理论。

根据这一理论，当人们的言行与他们对自己的看法不一致时，他们会经历一种不舒服的感觉，甚至会感到羞辱（Aronson，1992）。消费者必须通过在正确的地点从正确的制造商那里购买适当的产品来形成一致的自我形象，以减少与购买相关的不一致间隙（Onkvisit 和 Shaw，1987）。因此，消费者经常选择与其自我概念一致的商店、产品和品牌。

（2）自我验证理论。

该理论假设，一旦人们获得了关于自己的信念，他们就会试图证明这些自我概念，因为人们可以通过自我验证获得对外部世界的控制感和预测感。表现在两个方面：在认知方面，当人们相信别人对他们的看法与他们自己对自己的看法一致时，他们会感到更安全和舒适；在实践方面，当别人对他们的看法与他们自己对自己的看法一致时，他们的社交互动可能会更加稳定和随和（Jeong 和 Jang，2018；Siegel 等，2023；Swann 等，1992）。

（3）自我展示与印象管理理论。

"自我展示"是指旨在创造、改变和保持自己对他人印象的任何行为。"印象管理"一词通常用于指个人为控制他人对自己的看法所做的努力。尽管这两个术语不同，但它们经常可以互换。人们的自我展示很重要，因为它有助于促进社会互动，使他们能够获得物质和社会奖励，并有助于建立他们想要的身份（Brown，2012）。Hogan 和其他学者甚至认为，自我展示理论可以解释人们所做的一切，所有的社会行为都具有象征意义，比如人们穿的衣服、书架上的

书、留声机播放的音乐、人们的作品、朋友甚至敌人，所有这些都告诉他者人们希望被他人看成什么样的人（Hogan 等，1985；Siegel 等，2023）。

（4）社会认同与自我分类理论。

一个人对自己作为某个社会群体成员的身份的感知，以及与这种身份相关的情感和价值意义，被称为社会认同。人们的感知、态度和行为受到社会认同的影响，社会比较和分类是实现社会认同的前两个步骤。社会比较是指人们使用主观参照系将自己与他人进行比较的过程。分类包括人们根据他人和自己之间的相似性和差异性对他人进行分类。分类结果要么将其他人视为内部群体的成员，要么将他人视为外部群体的成员。人们往往对内部群体有积极的认同感，而认同内部群体的过程也是一个自我认同的过程（Abrams 和 Hogg，2010）。

（二）象征性消费

形成自我一致性理论基础的基本概念是产品和品牌的象征性消费，这种观点的起源可以追溯到 20 世纪 50 年代。1955 年，Gardner 和 Levy 对品牌符号对消费者行为的影响进行了开创性的研究。Levy（1959）通过研究产品和品牌的功能性和象征性特征对消费者偏好的影响，对先前的研究进行了扩展。他认为，消费者不仅仅受功能因素的驱动，而是在很大程度上根据与产品和品牌相关的象征意义或形象做出购买决定。上述研究虽然不构成一个正式的理论，但促使学者将注意力转向自我概念（自我形象），以及其对消费者行为的影响（Sirgy，1979）。在这些初步研究之后，随后的一些研究提供了进一步的证据，更加有力地说明了消费者努力在产品或品牌相关的象征性指标与他们自己的自我形象之间建立一致性的感知（Birdwell，1968；Dolich，1969；Hupp，1968；Lamone，1967；Ross，1971）。这些研究为自我一致性理论的形成和发展做出了贡献（Ahmet Usakli，2022）。

二、功能一致性理论基础——预期不一致理论

功能一致性理论可以追溯到预期不一致理论（Expectancy Disconfirmation Theory，EDT）。预期不一致理论最初是由 Oliver（1977）提出的，目的是阐明在营销领域内消费者对商品或服务形成态度的方式。根据预期不一致理论

的原理，产品或服务的持续使用取决于消费者体验到的满意度。通过预先形成对产品或服务的期望以及随后的不一致过程来确定满意度。最初的模型在随后由 Gilbert A. Churchill（1982）以及 Oliver 和 DeSarbo（1988）进行的研究中得到扩展。该扩展模型已在后续研究中广泛使用，它将客户在使用过程中感知到的产品和服务的实际表现作为不一致和满意度的先行变量。预期不一致范式假设消费者对产品或服务的满意度受三个主要因素的影响：期望、感知表现和不一致。期望可以被定义为个体想法的统合，这些想法预测未来的感知或行为在其认知框架内的有用性（Olson，1979）。当个人考虑购买一种产品或服务时，他们会根据以前的消费经历或其他信息来源在心中产生内部比较基准并形成期望（Oliver，1980）。感知表现是指客户对所获得的产品或服务在多大程度上满足其要求和愿望的感知（Ernest R. Cadotte，1987）。消费者经历一个认知过程，在这个过程中，他们根据预先的期望来评估感知表现，随后意识到两者之间可能存在的差异。不一致性是指客户由于进行此类比较而做出的主观评价（Richard Spreng，1996）。

三、自我一致性对功能一致性影响的理论基础

（一）详尽可能性模型

Petty（1986）在其开创性著作中提出的详尽可能性模型（ELM）在社会心理学领域具有重要意义。以往的市场营销研究（Xue，2008）都将其作为理解自我一致性和功能一致性之间相关性的基础。详尽可能性模型（ELM）包括两条不同的说服路线：中心路线和外围路线。中心路线说服是一种认知过程，当个人仔细评估和分析与特定商店或产品相关的信息时，这种过程就会发生。外围路线说服是一种顾客根据商店中存在的表面线索得出结论的现象（Anghel，2009；Petty，1986）。一方面，功能一致性是在中心路线上进行详尽阐释的结果，并对商店的功利属性进行了评估。另一方面，自我一致性是通过商店用户形象和顾客自我概念之间的联系在外围路线中建立的（Johar 和 Sirgy，1991；Sirgy 等，2000）。

说服策略的选择取决于顾客拥有的批判性的评估与商店有关信息的动机和认知能力水平（Petty，1986）。中心路线说服需要客户具备构建必要的内

部论据的动机和能力。通过中心路线发生的态度变化通常被认为是持久的、自信的，不太容易受到其他选择的影响。正如 Petty（1986）所证明的那样，即使提出的论据薄弱，或者详尽阐释的可能性很低，也可能发生外围路线说服。外围路线引起的态度变化往往表现出短暂性，Braverman 的研究证明了这一点（Braverman，2008；Heesacker 等，1983）。

虽然中心路线和外围路线可能看起来不同，但重要的是要注意，说服过程可以通过这两条路线连续发生。一旦顾客通过外围路线对零售机构产生了好感，他们对产品的个人相关性和理解就会增强。客户随后可能会选择通过中心路线进行更广泛的信息处理，这是由外围路线激发的更高水平的动机和认知能力驱动的（Braverman，2008）。根据 Blasio（2008）的说法，外围路线在最初态度的形成中起着主导作用，而在中心路线说服过程中，信息的实质性质量会受到更仔细的检查。因此，作为外围路线说服的结果，自我一致性预计最初会发生，并影响作为中心路线说服结果的功能一致性（Kang 等，2013）。

（二）抽象认知图式和具体认知图式

自我一致性被认为是在一个更微妙或更少意识的层面上运作，影响消费者对产品／商店功能特征的有意识感知和评估（Mason 和 Mayer，1970）。对自我人格形象和他者人格形象的感知是在认知层次中位于更高层次的认知图式，被称为抽象认知图式，而处于认知层次低层的认知图式则被称为具体认知图式（Abelson 等，1968）。各种特定的具体认知图式可以组合形成更具概括性的抽象认知图式。在对认知对象高度熟悉的情况下，个人的抽象认知图式更容易被接近和激活。与具体认知图式相比，抽象认知图式只需要很少的认知处理或努力（Sirgy，1991）。当只需要一般水平的认知处理时，用一个抽象的认知图式代替多个具体的认知图式可以加快认知过程。一旦抽象认知图式被激活和用于处理信息，抽象认知图式就可以分解生成更具体的认知图式。此外，抽象认知图式很可能作为控制具体认知处理的目标而存在（Sirgy，1991）。因此，分析具体信息可能有助于实现自我形象目标。

依据抽象认知图式和具体认知图式理论，自我一致性是抽象认知图式，而功能一致性是具体认知图式。

（三）心理动力学与心理理论

Nisbett 和 Ross（1980）在心理动力学与心理争议（"热认知"与"冷认知"）的框架内解决了"偏见效应"问题。根据心理动力学理论，动机关注会影响信息的处理方式。例如，Abelson 等人（1968）在一项实验研究中揭示了信息处理中的动机偏见。研究表明，人们更倾向于形成能提升自我的新的信念，而不太倾向于形成贬损自我的信念（Dillehay 等，1966；Snyder，1979）。在社会认知文献中，这种现象被称为信息处理中的"自我服务偏见"（"自我防御偏见"），大量研究证实了这一点（Nisbett 和 Ross，1980）。

为了说明信息处理中的自我服务偏见，大多数学者试图展示行动结果对行动者自我概念重要性高与低归因的不对称性。举例来说，演员有时往往对成功比对失败承担更多的责任。自我服务偏见的潜在逻辑是，个人首先分析与自我相关的信息，以评估其自我增强特征，其结果指导随后对非自我信息的处理。在消费背景下，自我服务偏见认为，通过对自我相关或象征特征的信息处理建立的积极或消极动机倾向会影响消费者如何感知产品或商店的有形或功能属性（Sirgy，1991）。

依据此理论，自我一致性是一种自我服务偏见，会影响后续的功能一致性。

第三章
文献综述与研究假设

一、文献研究方法与总体研究概况

（一）文献研究方法

1.HistCiteTM

HistCiteTM 是一个用于文献计量分析和可视化的软件包，由 Eugene Garfield 博士创建，他以开发科学引文索引和建立 WoS（Web of Science）数据库而闻名（Buchanan 和 Shen，2020；Wu 和 Tsai，2022）。随后的迭代产品 HistociteTM pro 2.0 和 2.1，更改了软件启动过程，并实现了自动从 WoS 数据库提取未处理的数据的功能（Wu 和 Tsai，2022）。

HistCiteTM 的主要目标是支持文献计量学的学术研究，并提供一种系统的方法来识别特定领域的重要和最新出版物（Bornman 和 Marx，2012）。此外，HistCiteTM 使用户能够通过将 WoS 数据库的文献索引转换为关系图表而进行可视化呈现。开发人员使用了来自科学引文索引（SCI）的数据。文献的本地引用次数（LCS）和全球引用次数（GCS）是 HistCite 里两个比较重要的参数，文献的本地引用次数（LCS）代表每篇文献在 HistCite 数据集内的同行专家引用次数，而全球引用次数（GCS）代表每篇文献在整个 WoS 数据库中被引用的次数（Garfield 等，2005），一般 LCS 数据更具有参考价值。HistCiteTM 的使用有助于识别相关文献中出现的研究主题（Oliveira 和 Mendes，2014）。

2. 主题词检索

在现有英文文献中，表示"自我一致性"（自我形象一致性）的词语有"self-congruity""self-image congruency""self-image congruity""self-image congruence""self-congruence"，这些词语在文献中替换使用（Sop，2020）；表示旅游情境的词，除了"旅游"（tourism），在旅游研究文献中经常出现的词语"旅游者或游客"（tourist）、"访客"（visitor）或者"旅行者"（traveler）也可以指涉旅游情境；表示"功能一致性""主题公园""忠诚"的词语分别为"functional congruity""theme park""loyalty"，较少变化。本研究检索选择 WoS 数据库中的核心合集，仅限于以下引文索引：科学引文索引扩展（SCI-Expanded）、社会科学引文索引（SSCI）、艺术与人文引文索引（A&HCI）、会议论文集引文索引—科学（CPCI-S）、新兴资源引文索引（ESCI），年限设定为"所有年份"。本研究采用变换限定主题词的方法依次进行检索，根据研究主题，在 WoS 数据库中首先以自我一致性、功能一致性、主题公园、忠诚为主题词，检索策略为：主题 =（"self-image congruency" or "self-image congruence" or "self-image congruity" or self-congruence or self-congruity）and（functional congruity）and（theme park）and loyalty，仅得到 2 篇文章。鉴于文章太少，以涵盖主题公园的外延更大的词语"旅游"替换"主题公园"，以自我一致性、功能一致性、旅游、忠诚为主题词，继续进行检索，检索策略为：主题 =（"self-image congruency" or "self-image congruence" or "self-image congruity" or self-congruence or self-congruity）and（functional congruity）and（tourism or tourist or visitor or traveler）and loyalty，得到 9 篇文章。继续扩大检索，为考察自我一致性与功能一致性在旅游领域的研究态势，将旅游自我一致性与功能一致性分开检索，首先以功能一致性、旅游为主题词，检索策略为：主题 =（functional congruity）and（tourism or tourist or visitor or traveler），得到 25 篇文章；然后以自我一致性和旅游为主题词，检索策略为：主题 =（"self-image congruency" or "self-image congruence" or "self-image congruity" or self-congruence or self-congruity）and（tourism or tourist or visitor or traveler），一共检索出 166 篇文章。经查看文章内容，依次检索得到的 2 篇文章、9 篇文章和 25 篇文章都属于最后检索得到的 166 篇文章之列。因此，最终检索结果为 166 篇文章。说明自我一致性在旅游研究领域的文献相对较多，功能一致性文献相对较少，功能一致性不单独作为研究变量，一般与自我一致性相伴出现。检索时间为 2023 年 6 月 24 日。

3. 文献补充

在将 166 篇文章导入 HistCite 后，点击引用参考文献（Cited References）按钮，检查引用率高但由于关键词搜索而不在 166 篇文章之列的文献，以确保所有重要文献都被导入 HistCite 进行分析。检查后补充了 5 篇重要文章，最终数据集包括 171 篇文章。值得一提的是，Sirgy 和 Su（2000）的一篇高引论文没有被 WoS 收录，因此这篇论文虽然不能出现在下文的引用地图中，但作者仍然将其作为重要参考文献。需要说明的是，此 171 篇文章是即将导入 HistCite 进行系统分析的最核心的文献。在下文具体的文献综述中，又增加了这 171 篇文章的主要引用文献 109 篇。

4. 引用地图

将 171 篇文章导入 HistCite，利用 HistCite 基于 LCS 筛选出本数据集被引用次数最多的 50 篇文章，并绘制引用地图，如图 3-1 所示，每篇被引用文章更多细节和引用次数如表 3-1 所示。地图中每个节点代表一篇文章，不同的节点通过射线连接，射线表示文章之间的引用关系。节点越大，说明被引用次数越多。通过引用地图识别出四个关键研究主题，自我一致性及其效果贯穿其中：主题 1 关注旅游目的地人格、自我一致性和游客旅游行为之间的关系；主题 2 以自我一致性和功能一致性之间的相互关系为中心；主题 3 涉及影响自我一致性效果的调节变量；主题 4 主要涉及自我一致性的测量方法。由于文章内容的综合性以及四个主题的文章之间内容的交织和混合，为了能够全面而具体地了解旅游自我一致性的研究热点和最新进展，作者通过对这 50 篇文章的深入文本分析和对最新重要文章的补充阅读，又添加了体现自我一致性效果的中介变量研究主题和其他研究主题，将四个主题进一步扩展为六个主题。

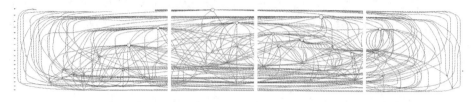

主题1	主题2	主题3	主题4
旅游目的地人格、自我一致性和游客旅游行为之间的关系	自我一致性和功能一致性之间的关系	影响自我一致性效果的调节变量	自我一致性的测量方法

图3-1 本数据集被引用次数最多的50篇文献相互引用地图

（来源：HistCite）

表3-1 本数据集被引用次数最多的50篇文献

节点	作者（年份）	期刊或书籍	本地引用次数（次）	全球引用次数（次）
1	Fornell 和 Larcker（1981）	Journal of Marketing Research	71	54354
2	Sirgy（1982）	Journal of Consumer Research	86	1611
3	Chon（1992）	Annals of Tourism Research	51	127
4	Sirgy 等（1997）	Journal of the Academy of Marketing Science	52	539
5	Aaker（1997）	Journal of Marketing Research	50	2960
6	Litvin 和 Goh（2002）	Tourism Management	35	59
7	Beerli 等（2007）	Annals of Tourism Research	66	176
8	Wang 和 Wu（2011）	Journal of Travel & Tourism Marketing	2	24
9	Hung 和 Petrick（2011）	Journal of Travel Research	21	81
10	Usakli 和 Baloglu（2011）	Tourism Management	77	306
11	Boksberger 等（2011）	Journal of Travel Research	34	65
12	Bosnjak 等（2011）	Journal of Travel Research	15	59
13	Sparks 等（2011）	Tourism Management	3	28

续表

节点	作者（年份）	期刊或书籍	本地引用次数（次）	全球引用次数（次）
14	Hosany 和 Martin（2012）	Journal of Business Research	41	222
15	Hung 和 Petrick（2012）	Tourism Management	13	149
16	Liu 等（2012）	Journal of Destination Marketing & Management	16	35
18	Ekinci 等（2013）	Journal of Business Research	23	160
19	Ahn 等（2013）	Journal of Business Research	34	114
20	Palmer 等（2013）	Tourism Management	3	123
21	Sirgy（2014）	Creating Experience Value in Tourism（Book Section）	7	9
23	Pratt 和 Sparks（2014）	Journal of Travel & Tourism Marketing	14	52
27	Qu 和 Qu（2015）	International Journal of Tourism Research	3	12
28	Wassler 和 Hung（2015）	Asia Pacific Journal of Tourism Research	4	11
29	Gazley 和 Watling（2015）	Journal of Travel & Tourism Marketing	7	24
32	Matzler 等（2016）	Tourism Management	22	107
33	Correia 等（2016）	Journal of Travel Research	4	52
34	Kumar（2016）	Tourism Management Perspectives	24	51
35	Bekk 等（2016）	Journal of Travel Research	9	41
37	Lee 等（2017）	International Journal of Contemporary Hospitality Management	3	20
38	Huang 等（2017）	Journal of Travel & Tourism Marketing	14	39
39	Fu 等（2017）	Journal of Travel & Tourism Marketing	8	23
41	Pan 等（2017）	Tourism Management	17	68

续表

节点	作者（年份）	期刊或书籍	本地引用次数（次）	全球引用次数（次）
42	Su（2017）	International Journal of Hospitality Management	16	66
45	Kim 和 Thapa（2018）	Journal of Heritage Tourism	10	20
47	Xu 和 Pratt（2018）	Journal of Travel & Tourism Marketing	5	121
48	Kumar 和 Nayak（2018）	Journal of Hospitality & Tourism Research	6	37
50	Rutelione 等（2018）	Lex Localis–Journal of Local Self–Government	4	4
51	Shin 等（2018）	Tourism Management	4	24
52	Chi 等（2018）	Journal of Destination Marketing & Management	4	22
59	Sirgy（2019）	Journal of Travel & Tourism Marketing	3	77
65	Wassler 等（2019）	International Journal of Tourism Research	3	26
68	Liu 等（2019）	Journal of China Tourism Research	4	6
69	Sop 和 Kozak（2019）	Journal of Hospitality Marketing & Management	12	32
71	Han 等（2019）	Journal of Hospitality and Tourism Management	7	17
85	Fu 等（2020）	International Journal of Contemporary Hospitality Management	4	12
90	Li 等（2020）	Journal of Sustainable Tourism	4	31
95	Yang 等（2020）	Journal of International Consumer Marketing	7	12
98	Joo 等（2020）	Journal of Hospitality and Tourism Management	11	41
139	Boley 等（2022）	Journal of Hospitality and Tourism Management	3	3

续表

节点	作者（年份）	期刊或书籍	本地引用次数（次）	全球引用次数（次）
151	Yang 等（2022）	Asia Pacific Journal of Marketing and Logistics	3	10

（来源：作者根据 HistCite 结果绘制）

（二）总体研究概况

1. 文献年发表量

图 3-2 显示了这 171 篇文章在 HistCite 中的一个截图片段。点击 HistCite 中的"年发表量"（Yearly output）按钮计算这 171 篇文章的年发表量分布，图 3-3 显示了过去 10 年文章发表的总体上升趋势，表明自我一致性在旅游研究中的重要性越来越受到重视。

Tourism self-congruity
List of All Records

Grand Totals: LCS 969, GCS 63458, CR 14191
Collection span: 1981 - 2023

Records: 171, Authors: 416, Journals: 65, Cited References: 8883, Words: 593

Yearly output | Document Type | Language | Institution | Institution with Subdivision | Country

|< << < > >> >|

#	Date / Author / Journal	LCS	GCS	LCR	CR
	1981				
1	1 FORNELL C, LARCKER DF EVALUATING STRUCTURAL EQUATION MODELS WITH UNOBSERVABLE VARIABLES AND MEASUREMENT ERROR JOURNAL OF MARKETING RESEARCH. 1981; 18 (1): 39-50	71	54354	0	36
	1982				
2	2 SIRGY MJ SELF-CONCEPT IN CONSUMER-BEHAVIOR - A CRITICAL-REVIEW JOURNAL OF CONSUMER RESEARCH. 1982; 9 (3): 287-300	86	1611	0	97
	1992				
3	3 CHON KS SELF-IMAGE DESTINATION IMAGE CONGRUITY ANNALS OF TOURISM RESEARCH. 1992; 19 (2): 360-363	51	127		
	1997				
4	4 Sirgy MJ, Grewal D, Mangleburg TF, Park J, Chon KS, et al. Assessing the predictive validity of two methods of measuring self-image congruence JOURNAL OF THE ACADEMY OF MARKETING SCIENCE. 1997 SUM; 25 (3): 229-241	52	539	1	27
5	5 Aaker JL Dimensions of brand personality JOURNAL OF MARKETING RESEARCH. 1997 AUG; 34 (3): 347-356	50	2960	1	50
	2002				
6	6 Litvin SW, Goh HK Self-image congruity: a valid tourism theory? TOURISM MANAGEMENT. 2002 FEB; 23 (1): 81-83	35	59	2	17
	2007				
7	7 Beerli A, Meneses GD, Gil SM Self-congruity and destination choice ANNALS OF TOURISM RESEARCH. 2007 JUL; 34 (3): 571-587	66	176	3	54

图 3-2 171 篇文章截图片段

（来源：HistCite）

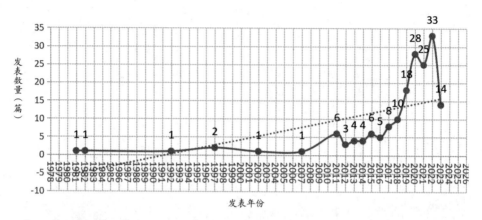

图 3-3　文献年发表量

（来源：作者根据 HistCite 显示内容自绘）

2. 国家 / 地区分布分析

　　分析结果显示，检索到的 171 篇研究文献分布于 47 个国家（地区）。文献量排名前十的国家（地区）如表 3-2 所示，从文献量来看，中国排名第一，占总文献量的 30.4%。其次是美国、英国、澳大利亚等国家或地区。值得注意的是，从文献量上看，中国和美国分别排在第一位和第二位，但从总本地引用次数（TLCS 值）来看，美国排在第一位，远超中国和其他国家（地区）。说明美国刊文同行引用量很高，对旅游自我一致性研究领域的贡献相对较高。

表 3-2　旅游自我一致性研究文献的国家（地区）分布（前 10 名）

序号	国家（地区）	文献量（篇）	百分比（%）	总本地引用次数（次）	总全球引用次数（次）
1	People R China（中国）	52	30.4	117	970
2	USA（美国）	50	29.2	528	6551
3	UK（英国）	25	14.6	128	838
4	Australia（澳大利亚）	21	12.3	117	605
5	South Korea（韩国）	16	9.4	61	302

续表

序号	国家（地区）	文献量（篇）	百分比(%)	总本地引用次数（次）	总全球引用次数（次）
6	Malaysia（马来西亚）	14	8.2	15	144
7	China's Taiwan（中国台湾）	11	6.4	21	92
8	Spain（西班牙）	9	5.3	2	106
9	Turkey（土耳其）	8	4.7	95	434
10	South Africa（南非）	7	4.1	35	148

（来源：作者根据 HistCite 结果绘制）

（注释：同一篇文献的多个作者可能来自不同的国家或地区，因此文献总量大于样本量）

3.研究机构分布分析

进一步对关注旅游自我一致性的研究机构进行统计，文献量 N ≥ 4 的研究机构有 16 个（见表 3-3）。就文献数量而言，排名前四的研究机构分别是香港理工大学（Hong Kong Polytech Univ）、中佛罗里达大学（Univ Cent Florida）、约翰内斯堡大学（Univ Johannesburg）、马来西亚理科大学（Univ Sains Malaysia）。就单篇文章本地引用次数而言，伍伦贡大学（Univ Wollongong）最高，这说明伍伦贡大学研究者的成果得到了旅游自我一致性研究领域更多人的肯定和关注。

表 3-3 文献量 N ≥ 4 的研究机构分布

序号	机构（所在国家）	文献量（篇）	百分比（%）	总本地引用次数（次）	总全球引用次数（次）	单篇文章本地引用次数（次）
1	Hong Kong Polytech Univ（中国）	12	7.0	52	495	4.3
2	Univ Cent Florida（美国）	8	4.7	14	180	1.75
3	Univ Johannesburg（南非）	7	4.1	35	148	5.00

续表

序号	机构（所在国家）	文献量（篇）	百分比（％）	总本地引用次数（次）	总全球引用次数（次）	单篇文章本地引用次数（次）
4	Univ Sains Malaysia（马来西亚）	6	3.5	10	60	1.67
5	Univ Glasgow（英国）	5	2.9	10	50	2.00
6	Zhejiang Normal Univ（中国）	5	2.9	21	112	4.20
7	Griffith Univ（澳大利亚）	4	2.3	18	89	4.50
8	Hanyang Univ（韩国）	4	2.3	57	591	14.25
9	Macau Univ Sci&Technol（中国）	4	2.3	0	22	0.00
10	Oklahoma State Univ（美国）	4	2.3	16	101	4.00
11	Taylors Univ（马来西亚）	4	2.3	1	18	0.25
12	Univ Portsmouth（英国）	4	2.3	0	19	0.00
13	Univ Queensland（澳大利亚）	4	2.3	1	12	0.25
14	Univ Western Australia（澳大利亚）	4	2.3	0	32	0
15	Univ Wollongong（澳大利亚）	4	2.3	91	436	22.75
16	Washington State Univ（美国）	4	2.3	21	97	5.25

（来源：作者根据 HistCite 结果绘制）

4. 载文期刊分布分析

　　171 篇旅游自我一致性文献总共分布在 65 个期刊中。文献量排名前十的期刊（见表 3-4）载文量共计 88 篇，占总文献量的 51.5%。其中，《旅游研究杂志》（*Journal of Travel Research*）载文量最高，为 17 篇，占总发文量的 9.9%。而总本地引用次数和总全球引用次数最高的是发文量排在第二位的《旅游管理》（*Tourism Management*），这说明关于旅游自我一致性的研究，《旅游管理》上刊登的文章受同行关注和认可程度最高，且被其他相关研究领域学者关注和引用也最多。

表3-4 旅游自我一致性研究文献的载文期刊分布（前10名）

序号	载文期刊	文献量（篇）	百分比（%）	总本地引用次数（次）	总全球引用次数（次）
1	Journal of Travel Research	17	9.9	85	525
2	Tourism Management	12	7.0	176	937
3	Journal of Destination Marketing & Management	10	5.8	20	187
4	Journal of Travel & Tourism Marketing	10	5.8	55	387
5	Journal of Hospitality & Tourism Management	8	4.7	22	91
6	International Journal of Tourism Research	7	4.1	9	96
7	Journal of Vacation Marketing	7	4.1	0	38
8	International Journal of Contemporary Hospitality Management	6	3.5	8	110
9	Sustainability	6	3.5	0	45

续表

序号	载文期刊	文献量（篇）	百分比（%）	总本地引用次数（次）	总全球引用次数（次）
10	Asia Pacific Journal of Tourism Research	5	2.9	6	52

（来源：作者根据 HistCite 结果绘制）

5. 关键词分析

关键词是文献计量研究的重要指标，关键词词频越高，说明学术界对这一主题的关注度越高，一定程度上，关键词可以代表该领域的研究热点。对文献进行关键词分析，发现 171 篇文献涉及的关键词共 593 个，排名前十的关键词如表 3-5 所示。Self（自我）、Congruity（一致性）、Tourism（旅游业）、Tourists（旅游者）、Role（作用）、Effects（影响），都是本研究主题相应的主题词或主题词近义词，也是检索关键词或检索关键词近义词，故而出现频次很高。值得注意的是，关键词 Destination（目的地）、Brand（品牌）、Personality（人格）、Image（形象）被引用频次也较高，说明自我一致性与人格、形象、品牌形象密切相关，自我一致性在旅游目的地情境下的研究较多。

表3-5 旅游自我一致性研究文献关键词列表（前10名）

序号	关键词	频次	总本地引用次数（次）	总全球引用次数（次）
1	Self（自我）	82	704	4557
2	Congruity（一致性）	70	481	1849
3	Destination（目的地）	59	337	1524
4	Brand（品牌）	43	239	3898
5	Personality（人格）	34	274	3942
6	Tourism（旅游业）	30	140	775

续表

序号	关键词	频次	总本地引用次数（次）	总全球引用次数（次）
7	Tourists（旅游者）	26	44	257
8	Image（形象）	24	227	1337
9	Role（作用）	21	76	408
10	Effects（影响）	17	58	452

（来源：作者根据 HistCite 结果绘制）

二、旅游自我一致性的研究进展及研究述评

（一）研究进展

Chon（1992）是第一个将自我一致性理论应用于旅游研究的人，Sirgy 和 Su（2000）正式提出旅游行为受到自我一致性的积极影响，随后的许多实证研究都支持这一观点。随着研究的进展，自我一致性的应用更加具体。自我一致性理论应用于各种不同的旅游情境研究逐渐增多，如分时度假区（Sparks 等，2011）、邮轮旅游（Holland，2023；Hung 和 Petrick，2011；Hung 和 Petrick，2012）、葡萄酒旅游目的地（Pratt 和 Sparks，2014）、精酿啤酒厂和酿酒厂旅游目的地（Bachman 等，2021）、主题公园（Fu 等，2020；Fu 等，2017）、赌博旅游目的地（Li 等，2021）、电影旅游目的地（Wu 和 Lai，2022）、高尔夫旅游（Zhang 等，2022）、红色旅游目的地（Zhou 等，2022）、创意旅游目的地（Shahabi 等，2022）、信仰旅游目的地（Cifci，2022）、黑色旅游目的地（Cifci 等，2023）。自我一致性理论也应用于机场休息室（Lee 等，2017）、酒店品牌（Sop 和 Kozak，2019；Su，2017）、代言人（Xu 和 Pratt，2018）、客房（Wang 等，2021）、绿色服务（Olk，2021）、旅游购物场所（Han 等，2019）、住宿（Bynum Boley 等，2022）、在线旅行社（Chen 等，2022）、旅游目的地美食（Gomez-Rico 等，2022）、非物质文化遗产产品（Guo 等，2022）、节事（Shin，2018；Meeprom 和 Fakfare，2021；Thompson 等，2022）、蓝旗标志（Can 等，2023）等研究。以下将更详细地阐述前面提到的六个研究主题。

1. 目的地人格、自我一致性和旅游行为之间的关系

该研究主题为旅游目的地人格、自我一致性和旅游者旅游行为之间的关系。旅游目的地人格是品牌人格在旅游目的地中的应用（Usakli 和 Baloglu，2011）。品牌人格可以定义为"与品牌相关的一系列人性特征"（Aaker，1997）。Aaker（1997）提出了一个理论品牌人格框架，该框架由五个人格维度组成——纯真、刺激、能力、高雅和粗犷，并用品牌人格量表（BPS）来衡量这些维度。自我一致性是旅游目的地人格与游客行为意向之间关系的部分中介（Huaman-Ramirez 等，2023；Huang 等，2017；Matzler 等，2016；Nguyen 等，2023；Usakli 和 Baloglu，2011；Yang，Mohd Isa，等，2020）。目的地人格的不同维度对自我一致性的不同维度和旅游者旅游行为意向可能有不同的影响（Huang 等，2017；Pan 等，2017；Su 和 Reynolds，2017；Yang，Mohd Isa,等，2020）。Aaker（1997）的品牌人格量表（BPS）的五个维度不可能复制到所有旅游业情景，一些学者根据特殊的旅游情境发展了人格维度（Pan 等，2017；Chi 等，2018）。

2. 自我一致性与功能一致性的关系

游客不仅会根据功能一致性中反映的实用性或功能性属性（如基础设施、住宿），还会根据自我一致性中体现的象征性属性（Chon，1992）来评估旅游目的地。自我一致性与功能一致性都会影响旅游行为，各自相对重要性取决于旅游情境和旅游者相关因素。自我一致性对功能一致性有影响、会产生偏见效应，自我一致性对功能一致性的预测受"游客的知识、先前的经验、参与旅游目的地选择和时间压力"的调节。关于自我一致性偏见，有研究显示功能一致性比自我一致性更好地解释了旅游环境中的消费者满意度（Sirgy，2014），然而该研究也指出了自我一致性与功能一致性之间的相关性。

Hung 和 Petrick（2011）进行的一项研究，测试了自我一致性对功能一致性在影响邮轮旅游者旅游意图中的偏见，结果表明自我一致性的四个维度都成功预测了功能一致性（实际自我一致性路径系数为 0.156，理想自我一致性路径系数为 0.284，社会自我一致性路径系数为 0.143，理想社会自我一致性路径系数为 0.250）。此外，自我一致性和功能一致性都成功预测了邮轮旅游者

的旅游意图。Hung 和 Petrick（2011）认为，整合自我一致性和功能一致性的研究可以增强对旅游动机的理解。在各种酒店品牌的影响下，游客会综合考虑自我一致性和功能一致性来决定是否再次入住或推荐该酒店，功能一致性对酒店品牌忠诚度的影响大于自我一致性，自我一致性对功能一致性有积极影响（Sop 和 Kozak，2019）。Boley 等人（2022）对住宿选择的研究也表明，选择特许经营旅馆或独立经营旅馆住宿的决定既受自我一致性的影响，也受功能一致性的影响。

自我一致性与功能一致性的关系将在本章第三部分变量之间关系部分进一步详细阐述。

3. 影响自我一致性效果的调节变量

在旅游自我一致性研究文献中，出现过 20 多个影响自我一致性效果的调节变量，这些调节变量主要涉及个人因素、产品因素、文化因素。

个人因素包括以往的旅游经历（Beerli 等，2007；Liu 等，2012；Frias-Jamilena，2019；Phuong，2022；Gomez-Rico，2022）、社会地位（Correia，2016）、涉入（Beerli 等，2007；Wang 和 Wu，2011；Pratt 和 Sparks，2014；Huaman-Ramirez，2021）、旅游目的（Su 和 Reynolds，2017；Lee，2018）、游客或旅行者的角色（Gazley 和 Watling，2015）、代际细分（Luna-Cortés 等，2018）、年龄（Huaman-Ramirez，2021）、性别（Moons 等，2020；Yang，2022；Cifci，2023）等。

产品因素包括餐厅类型（Jeong 和 Jang，2018）、酒店消费的社会可见性（Sirgy，2019）、住宿类型（Boley 等，2022）、数字技术（Elshaer，2022）等。

文化因素包括个人主义/集体主义（Kar，2003；Matzler 等，2016）、不确定性避免（Matzler 等，2016；Yang 等，2021）、文化差异（Malek，2017）、文化背景（Suryaningsih，2020）等。

4. 自我一致性的测量方法

根据 Sirgy 等人（1997）的说法，自我一致性主要有两种测量方法：传统方法和新方法。传统方法要求受试者按照一组具体的形象维度分别对产品用户形象和他自己的自我形象的感知进行打分。然后计算每个维度的产品用户形象和受试者自我形象的得分差异，再将每个维度的得分差异加在一起，以获得所有维度的总得分差异。总得分差异越小，说明自我一致性越高。Sirgy等人（1997）揭示了这种差异得分方法的缺陷，并指出差异分数的使用、不相关形象的潜在使用以及补偿决策规则的使用是困扰该方法的三个主要问题。与传统方法不同，新方法认为自我一致性是一种整体直接式思维，这种思维不是分析式的，是不能分割的。新方法着眼于整体和直接地挖掘自我一致性的心理体验，收集受试者对产品用户形象与其自我形象匹配或不匹配程度的整体直接感知。本质上，新方法是一种直接的方法；相反，传统方法是一种间接方法。在旅游自我一致性研究中，目的地人格化有两个方面：一方面是品牌即人，另一方面是品牌即用户（Wassler和Hung，2015）。传统方法和新方法都属于品牌即用户的思路，即测量自我一致性都是把自我形象与产品、品牌用户形象进行比较。

新方法测量有效性优于传统方法（Sirgy等，1997）。Litvin和Goh在2000年基于Chon的方法（新方法）的研究结果支持自我一致性影响旅游行为的命题（Sirgy和Su，2000）。然而，该研究表明，在应用Malhotra的方法（类似于传统的间接方法）时却证据不足（Litvin和Goh，2002）。同样，Hosany和Martin（2012）在应用Malhotra的方法对邮轮旅游者自我一致性的研究中，研究结果并没有证实自我一致性与旅游者满意度的关系。

除了像传统方法和新方法一样采用品牌即用户的思路之外，直接方法和间接方法也可以采用品牌即人的思路。例如，Boksberger等人将自我一致性用以衡量两种人格评估之间的差异：游客自身人格的自我评估和Hiernomimus在德语语境中对旅游目的地人格的评估。一项针对瑞士旅行者的大规模研究结果表明，自我一致性对旅游行为影响效果的结论在很大程度上取决于阈值的严格程度（自我人格评估和旅游目的地人格评估之间的最大允许差异）。设定一个相对严格的阈值，只有超过一半旅行者的旅游行为受到自我一致性的影响（Boksberger等，2011）。对度假旅游者样本的分析结果表明，度假胜地与旅游者人格相似性（TDPS）是旅游者对度假胜地的整体适合感（POF，自我一致性）的驱动因素，这进而又增加了旅游者的满意度和对度假胜地的实际推荐力度。在纯真和刺激两个人格维度上，与度假胜地人格相匹配的旅游者显示出更高水平的整体适合感（Bekk等，2016）。Aaker（1997）认为，自我一致性效应（实际自我一致性和理想自我一致性）的实证支持较弱的一个原因是，人们关注的是在总体层面（即所有人格特征）上品牌人格和消费者人格之间的匹配。为了提高自我一致性的测量效果，应根据旅游目的地人格维度在解释游客感知和行为意图方面的重要性对其进行优选（Pan等，2017）。

与品牌即用户相比，品牌即人除了考虑典型游客外，还考虑与旅游目的地相关的更广泛、更复杂的印象集合。研究结果表明，品牌作为用户的一面与潜在游客的自我形象更密切相关（Wassler和Hung，2015），相比于品牌作为人，游客自我一致性更高。这可能表明旅游目的地在有形和无形元素以及情境因素方面都比传统产品更复杂，使人们更容易对旅游目的地形成稳固的刻板固化印象。然而，这些刻板印象具有很强的背景意义，不需要与旅游业相关，因此，很难获得潜在游客的认同，游客的自我形象也很难与其相匹配（Wassler和Hung，2015）。

5. 自我一致性效果的中介变量

一些学者研究了自我一致性与旅游行为之间的中介变量。在航空公司休息室情境中，自我一致性与积极情绪显著相关。中介测试表明，自我一致性通过积极情绪显著影响客户满意度（Lee等，2017）。在韩国非军事区（DMZ），自我一致性和感知价值都对旅行满意度有有利影响，而自我一致性对感知价值有积极影响（Kim和Thapa，2018）。在主题公园情境中，自我一致性对"流"体验有积极影响，"流"体验进而又对游客态度和品牌忠诚度产生积极影响（Fu等，2020；X. Fu等，2017）。在韩国非军事区（DMZ）这样的情感旅游目的地，自我一致性可以导致对他人的情感联结，进而导致旅游满意度或旅游目的地忠诚度的进一步变化（Joo等，2020）。Japutra等人（2021）的研究结果表明，理想自我一致性通过旅游目的地品牌刻板印象（DBS）促进旅游目的地品牌依恋（DBA）。根据Cifci（2022）最近进行的一项针对前往土耳其Bektashi信仰旅游目的地游客的研究，难忘的旅游体验在实际自我一致性和理想自我一致性对游客总体满意度和重游意愿的影响方面发挥着重要的中介作用。

6. 其他研究主题

其他研究主题包括居民自我一致性对外来游客行为的影响（Palmer等，

2013；Segota 等，2022；Wassler 等，2019）、背书效力（Xu 和 Pratt，2018）、利益相关者角色（Shoukat 等，2023）、自我一致性对游客环境责任行为的影响（Li 等，2020；Rao 等，2022）、自我一致性在旅游目的地定位中的应用（Qu 等，2015）、自我一致性对个人生活质量和幸福感的影响（Sirgy，2019；Song 等，2022；Zhou 等，2022）、社交媒体（Luna-Cortes，2021；Wang 和 Yan，2022）、广告的作用（Segota，2023）、风险的解释（Holland，2023）。

（二）研究述评

首先，针对特定类型旅游目的地量身定制的目的地个性测量还有待进一步发展。由于旅游目的地产品消费的独特性，一种类型的目的地人格量表维度不一定能完全复制到另一种类型。为了更好地了解旅游者对目的地人格的感知，需要开发特定情境的目的地人格量表。目的地人格测量的发展不仅要考虑与游客相关的因素，还要考虑与旅游吸引物相关的因素。因为与游客相关的社会人口学变量，如种族、民族或特定地区的文化，可能在目的地人格特征的形成中发挥关键作用（Pan 等，2017），不同类型的旅游景区可能具有一些不同的目的地人格维度，这些维度在很大程度上影响游客的自我一致性和旅游行为。

其次，自我一致性的直接测量方法有待进一步改进。尽管直接测量法操作起来相对较容易，但其理论和实践应用都相当有限，因为它是一种整体的适合感，不能直接用于设计营销传播。管理或营销人员不知道这种整体适合感（POF）是基于旅游目的地何种特定的（人格）特征或形象维度。因此，在评估自我一致性或整体适合感时，从业者不知道旅游目的地需要改变何种人格特征或形象维度，以增加潜在游客的自我一致性（整体适合感）。对于管理或营销者来说，了解自我一致性或整体适合感的特定维度驱动因素是很有用的，他们可以通过营销来改变这些驱动因素，而通过测量旅游目的地人格不同维度的影响和重要性，间接测量法可以识别出这些驱动因素。因此，直接测量方法有待进一步改进，或采取弥补措施，或与间接测量方法结合使用。

再次，自我一致性和功能一致性在不同旅游情境、不同调节因子下的作用还有待进一步研究。就自我一致性理论的适用性而言，尽管自我一致性理论在旅游领域的适用性已被学者所接受，自我一致性对游客行为的影响也已被实证研究基本证实，但仍然存在一些相互矛盾的研究结果（Ahn 等，2013）。也存在一些关于自我一致性和功能一致性对旅游行为影响强度不一致的结论。例如，与认为功能一致性比自我一致性更强烈地影响消费者行为的文献相反（Sirgy，2014；Sop 和 Kozak，2019），一些研究结果表明，自我一致性的作用与功能一致性的作用相同或比功能一致性影响更大（Boley 等，2022；Usakli 等，2022；Wu 和 Lai，2022；Zhou 等，2022）。一些研究结果表明，自我一致性和功能一致性的作用因旅行目的而异（Su，2017）。关于自我一致性对功能一致性的偏见效应，也有一些研究结果不一致，如 Hung 和 Petrick（2011）的研究表明，在邮轮旅游背景下，自我一致性仅仅解释了功能一致性 2.4% 的变化，但 Zhou 等人（2022）的研究结果表明，在红色旅游目的地背景下，自我一致性解释了功能一致性 21.6% 的变化，原因可能在于旅游情境和调节因子的不同。因此，应加强对自我一致性和功能一致性在不同旅游情境下作用的研究，并引入具体的调节因子，以支持和加强自我一致性对旅游行为的积极影响。

最后，除了调节变量，未来研究可以探索更多中介变量以及控制变量，以进一步探索自我一致性作用机制，深化自我一致性理论。

三、变量、变量之间的关系与研究假设

（一）自我一致性

1. 自我一致性的定义

自我一致性最初被定义为一个人的自我概念与产品/品牌形象的匹配程度。随着研究的扩大，自我一致性现在被称为消费者的自我概念（实际自我、理想自我、社会自我、理想社会自我）与产品/品牌形象、商店形象、目的地形象或特定产品/品牌/服务用户形象之间的匹配程度（Hosany，2012）。自我一致性理论认为"人们自然会努力将感知到的自我形象与自我概念（基于记忆深处的自我形象）之间的差异降至最低"（Su 和 Reynolds，2017）。这些差异会导致补偿性购买行为，以帮助人们克服自我概念中的任何缺点，或帮助实现期望的自我形象（Kim 和 Jang，2020；Rucker 和 Galinsky，2008）。自我一

致性理论认为，消费者倾向于喜欢他们认为具有与他们的自我概念相似形象的产品／品牌，即当产品／品牌的典型用户形象与他们自己的自我形象相匹配时，消费者会对产品／品牌进行积极评价，因为他们认为这些东西是他们的自我表达（Graeff，1996；Sirgy，1985）。正因为如此，消费者可能更倾向于选择与他的自我形象相匹配的产品或品牌，而不是不匹配的产品和品牌（Beerli等，2007；Sirgy，1985）。

2. 自我一致性的维度

Sirgy（1985）将自我一致性定义为消费者的自我形象（概念）与产品或品牌形象之间的相似性，并根据他的多维自我概念方法将其分为四个维度：实际自我一致性（实际自我形象与产品或品牌形象的一致性）、理想自我一致性（理想自我形象与产品或品牌形象的一致性）、社会自我一致性（社会自我形象与产品或品牌形象的一致性）和理想社会自我一致性（理想的社会自我形象与产品或品牌形象的一致性）（Sirgy，1985）。这种四维划分法应用最为普遍。另外，自我一致性维度的分类也可能会根据对自我概念分类方法的不同而改变。例如，Sirgy等人（2000）认为，自我概念也可以分为私人自我概念和公共自我概念，自我一致性的维度因此可分为私人自我一致性和公共自我一致性。实际自我一致性和理想自我一致性与私人自我一致性相对应，而社会自我一致性和理想社会自我一致性与公共自我一致性相对应。

3. 消费行为自我一致性的机制

四种类型的自我一致性（实际自我一致性、理想自我一致性、社会自我一致性和理想社会自我一致性）与相应的四种自我表达动机相关，依次是自洽性动机、自尊动机、社会一致性动机和社会认同动机（Sirgy，1991）。为了保持自己的身份而保持当前自我形象的动机倾向被称为自洽性动机（Aguirre Rodriguez等，2012）。客户认为，当他们购买的产品与他们对自己当前的看法相矛盾时，他们的个人身份会受到损害。因此，顾客喜欢与他们实际的自我形象相匹配的品牌。自尊动机是通过追求他们的理想状态而让自己感到自信的愿望（Hong和Zinkhan，1995）。客户可能对他们目前的自我形象不满意而希望提升他们的个人身份。因此，理想自我一致性是由消费者试图将自己提升到理想状态，以实现更大的自信所驱动的。社会一致性动机与维护重要他人持有的自我形象的倾向有关（Sirgy 等，2000）。因为这样做降低了与他人发生冲突的可能性，消费者更有可能购买反映他们相信他人如何看待他们的产品。因此，顾客喜欢符合他们社会自我形象的品牌。渴望开展活动以赢得重要他人的钦佩被称为社会认可动机（Sirgy，2005）。客户倾向于选择一个与他们理想的社会自我形象相兼容的品牌，因为与这种自我形象不一致的行为可能会导致社会排斥。图 3-4 显示了从自我概念到自我一致性再到四种自我表达动机的关系。

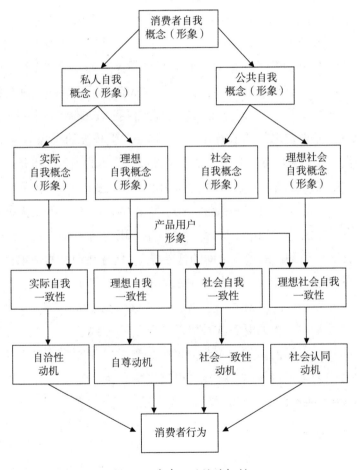

图 3-4　自我一致性的机制

（来源：改编自 Lindquist 和 Sirgy，2003）

4. 自我一致性的状态

根据 Sirgy 的模型（Sirgy，1982，1985），消费者的特定价值负载的自我形象与相应价值负载的产品形象（产品购买中典型用户形象）感知相互作用，这种相互作用的结果形成了四个自我一致性状态。第一，积极的自我一致性状态。当存在积极的实际自我一致性状态（一个人的实际自我形象和产品形象之间的低差异）和积极的理想自我一致性状态（一个人的理想自我形象和产品形象之间的低差异）时，会产生积极的自我一致性状态。也就是说，产品形象既符合一个人的实际自我形象，也符合一个人理想自我形象。这样的情况会给消费者带来极大的满足感，因为通过购买或与产品联系，消费者达到了一种自洽性动机和自尊动机同时得到满足的情绪状态。第二，积极的自我不一致性状态。当存在消极的实际自我一致性状态（一个人的实际自我形象和产品形象之间的高差异），但存在积极的理想自我一致性状态（一个人的理想自我形象和产品形象之间的低差异）时，就会产生积极的自我不一致性状态。在这种情况下，个人也可能会被驱动购买产品，但他的满意度将是中等的。这是因为，虽然购买会满足一个人的自尊动机，但它也会与一个人的自洽性动机相矛盾。第三，消极的自我一致性状态。消极的自我不一致性状态与积极的自我不一致性状态截然相反。也就是说，存在积极的实际自我一致性（一个人的实际自我形象和产品形象之间的低差异），但存在消极的理想自我一致性（一个人的理想自我形象和产品形象之间的显著差异）。因为个体的自洽性动机会与他的自尊动机相竞争，这种情况会导致适度的满足感。第四，消极的自我不一致性状态。当同时存在消极的实际自我一致性（一个人的实际自我形象和产品形象之间的高差异）和消极的理想自我一致性（理想自我形象和产品形象之间的高差异）时，就会出现消极的自我一致性。这种状态的满意度最低，因为购买产品对满足自尊和自洽性动机没有任何作用。

5. 自我一致性的影响

表 3-6 从发表年份、研究情境、自我一致性、测量方法、因变量等方面对自我一致性和功能一致性对旅游行为影响的实证研究文献进行了概括。关于研究情境，表 3-6 显示，旅游自我一致性的研究情境主要是旅游目的地

（55.5%），其次是酒店（13%），主题公园仅占 2.2%。就自我一致性维度而言，"实际自我一致性和理想自我一致性"是旅游自我一致性研究中讨论最多的维度（45.7%），其次是"实际自我一致性、理想自我一致性、社会自我一致性、理想社会自我一致性"（19.6%）、"实际自我一致性"（18.4%）、其他（8.7%）。在测量方法方面，直接测量法占 90.2%，间接测量法仅占 7.6%，两种方法的比较占 2.2%。研究表明，自我一致性对旅游者行为有影响，影响表现为不同的变量。表 3-6 显示研究满意度占 18.5%、忠诚度占 17.4%（其中 2.2% 与满意度交叠）、重游和推荐意愿占 9.8%、感知价值占 6.5%、体验占 6.5%、行为意向占 10.8%、态度占 6.6%，其他一共占 26.1%，包括目的地选择（Beerli 等，2007）、积极情绪（Lee 等，2017）、积极情感（Jeong 和 Jang，2018）、对目的地品牌的感知、社交媒体中的内容创建（Luna-Corté 等，2018）、航空公司制服偏好和感知服务质量（Lee 等，2018）、品牌亲密度和品牌激情（Ahn，2019；Wang 等，2019）、基于客户的目的地品牌资产（Guervos 等，2020；Frias 等，2020）、"流"体验（Fu 等，2020）、情感联结（Joo 等，2020）、支付更多的意愿（Moons 等，2020）、口碑（Cheng 等，2020）、品牌认同（Han 等，2020）、感知形象（Li 等，2021）、目的地品牌刻板印象（Japutra 等，2021）、与会者参与度（Meeprom 和 Fakfare，2021）、感知真实性（Olk，2021）、入住可能性（Bynum Boley 等，2022）、地方依恋（Huang 等，2017；Strandberg 等，2020；Usakli 等，2022）、幸福感（Zhou 等，2021）。

表 3-6 自我一致性和功能一致性对游客旅游行为影响的实证研究文献

序号	作者(发表年份)	研究情境	自我一致性/功能一致性	自我一致性测量方法	自我一致性维度	因变量
1	Olsen（1991）	旅游目的地	自我一致性、功能一致性	直接测量法	实际自我一致性、理想自我一致性	满意度
2	Chon（1992）	旅游目的地	自我一致性	直接测量法	实际自我一致性、理想自我一致性	满意度
3	Kar（2003）	旅游目的地	自我一致性	直接测量法	实际自我一致性、理想自我一致性	满意度 调节变量：个人主义、集体主义
4	Ekinci（2003）	酒店	自我一致性	直接测量法、间接测量法	实际自我一致性、理想自我一致性	满意度、态度、服务质量和行为意向

续表

序号	作者(发表年份)	研究情境	自我一致性/功能一致性	自我一致性测量方法	自我一致性维度	因变量
5	Kastenholz（2004）	旅游目的地	自我一致性	直接测量法,间接测量法	实际自我一致性	重游可能性、推荐可能性
6	Laurie Murphy（2007）	旅游目的地	自我一致性	直接测量法	实际自我一致性、社会自我一致性、理想社会自我一致性	满意度、旅游意向
7	Beerli 等（2007）	旅游目的地	自我一致性	间接测量法	实际自我一致性、理想自我一致性	目的地选择调节变量：旅游者涉入、旅游经历
8	Han 和 Back（2008）	酒店	自我一致性	直接测量法	社会自我一致性、理想社会自我一致性	消费者忠诚度、消费情绪
9	Ekinci（2008）	餐馆或酒店	自我一致性、功能一致性	直接测量法	实际自我一致性、理想自我一致性	消费者满意度
10	Usakli 和 Baloglu（2011）	旅游目的地	自我一致性	直接测量法	实际自我一致性、理想自我一致性	行为意向（重游意向、推荐意向）
11	Hung 和 Petrick（2011）	邮轮旅游	自我一致性、功能一致性	间接测量法	实际自我一致性、理想自我一致性、社会自我一致性、理想社会自我一致性	邮轮旅游意向（实际采用了接近忠诚度的测量方法，统计时视为忠诚度）
12	Wang 和 Wu（2011）	博物馆	自我一致性	直接测量法	实际自我一致性	重游意向调节变量：旅游涉入
13	Nam 等（2011）	酒店	自我一致性	直接测量法	理想自我一致性	消费者满意度
14	Liu 等（2012）	旅游目的地	自我一致性	直接测量法	实际自我一致性	目的地忠诚度调节变量：旅游经历
15	Hosany 和 Martin（2012）	邮轮	自我一致性	间接测量法	实际自我一致性、理想自我一致性	乘客体验
16	Hung 和 Petrick（2012）	邮轮旅游	自我一致性、功能一致性	间接测量法	理想自我一致性	旅游意向（实际采用了接近忠诚度的测量方法，统计时视为忠诚度）

续表

序号	作者(发表年份)	研究情境	自我一致性/功能一致性	自我一致性测量方法	自我一致性维度	因变量
17	Ekinci（2013）	旅游目的地	自我一致性	直接测量法	社会自我一致性、理想社会自我一致性	目的地品牌忠诚度
18	Kang（2013）	咖啡店	自我一致性、功能一致性	直接测量法	实际自我一致性、理想自我一致性、社会自我一致性、理想社会自我一致性	品牌忠诚度
19	Ahn（2013）	旅游目的地	自我一致性、功能一致性	直接测量法	实际自我一致性、理想自我一致性	目的地选择
20	Kumar（2014）	旅游目的地	自我一致性、功能一致性	直接测量法	实际自我一致性、理想自我一致性	满意度
21	Pratt 和 Sparks（2014）	旅游目的地	自我一致性	直接测量法	实际自我一致性、理想自我一致性、社会自我一致性	到访意向调节变量：葡萄酒涉入
22	Kumar（2016）	旅游目的地	自我一致性	直接测量法	实际自我一致性、理想自我一致性	目的地满意度、目的地信任度
23	Matzler 等（2016）	旅游目的地	自我一致性	直接测量法	实际自我一致性	到访意向调节变量：不确定性避免、个人主义
24	Back 和 Parks（2016）	酒店	自我一致性	直接测量法	社会自我一致性、理想社会自我一致性	消费者满意度
25	Malek（2017）	旅游目的地	自我一致性	直接测量法	实际自我一致性、理想自我一致性	目的地忠诚度调节变量：文化差异
26	Fu 等（2017）	主题公园	自我一致性	直接测量法	实际自我一致性、理想自我一致性、社会自我一致性、理想社会自我一致性	体验流、态度
27	Su 和 Reynolds（2017）	酒店	自我一致性、功能一致性	直接测量法	实际自我一致性	品牌态度调节变量：旅游目的

续表

序号	作者(发表年份)	研究情境	自我一致性/功能一致性	自我一致性测量方法	自我一致性维度	因变量
28	Huang 等（2017）	旅游目的地	自我一致性	直接测量法	实际自我一致性、理想自我一致性	目的地品牌依恋（DBA）
29	Lee 等（2017）	航空公司休息室	自我一致性、功能一致性	直接测量法	实际自我一致性、理想自我一致性、社会自我一致性、理想社会自我一致性	积极情绪
30	Pan 等（2017）	旅游目的地	自我一致性	直接测量法	实际自我一致性、理想自我一致性	目的地忠诚度
31	Kim 和 Thapa（2018）	旅游目的地	自我一致性	直接测量法	实际自我一致性	旅游满意度、感知价值、目的忠诚度
32	Rutelione 等（2018）	旅游目的地	自我一致性	直接测量法	实际自我一致性、理想自我一致性、社会自我一致性、理想社会自我一致性	重游意向、推荐意向
33	Pool 等（2018）	旅游目的地	自我一致性	直接测量法	实际自我一致性、理想自我一致性、社会自我一致性、理想社会自我一致性	感知体验、满意度
34	Jeong 和 Jang（2018）	餐馆	自我一致性	直接测量法	实际自我一致性、理想自我一致性	积极情感 调节变量：餐馆类型
35	Luna-Cortés 等（2018）	旅游目的地	自我一致性	直接测量法	实际自我一致性、理想自我一致性、社会自我一致性、理想社会自我一致性	目的地品牌感知、社交媒体内容创建 调节变量：代际细分
36	Shin 等（2018）	节事、赞助品牌	自我一致性	直接测量法	实际自我一致性	对赞助品牌的态度、对节事的态度
37	Xu 和 Pratt（2018）	代言人	自我一致性	间接测量法	理想自我一致性	到访意向
38	Chi 等（2018）	旅游目的地	自我一致性	直接测量法	实际自我一致性、理想自我一致性、社会自我一致性、理想社会自我一致性	满意度、目的地忠诚度

续表

序号	作者(发表年份)	研究情境	自我一致性/功能一致性	自我一致性测量方法	自我一致性维度	因变量
39	Lee 等（2018）	航空公司制服	自我一致性	直接测量法	情境自我一致性	航空公司制服偏好、感知服务质量 调节变量：旅游目的
40	Frías-Jamilena 等（2019）	旅游目的地	自我一致性	直接测量法	实际自我一致性、理想自我一致性	目的地感知价值 调节变量：以往的旅游经历
41	Liu 等（2019）	旅游地产	自我一致性	直接测量法	实际自我一致性、理想自我一致性	品牌忠诚度
42	Chua 等（2019）	空中休息室	自我一致性	直接测量法	实际自我一致性、理想自我一致性、社会自我一致性、理想社会自我一致性	美学价值、实用价值
43	Sop（2019）	酒店	自我一致性、功能一致性	直接测量法	实际自我一致性	品牌忠诚度
44	Luna-Cortés（2019）	旅游目的地	自我一致性	直接测量法	实际自我一致性、理想自我一致性、社会自我一致性、理想社会自我一致性	感知社会价值、虚拟社交网络的使用
45	Luna-Cortés等（2019）	旅游目的地	自我一致性	直接测量法	实际自我一致性、理想自我一致性、社会自我一致性、理想社会自我一致性	感知社会价值
46	Wang 等（2019）	酒店	自我一致性	直接测量法	理想自我一致性	品牌亲密度、品牌激情
47	Ahn（2019）	度假村	自我一致性	直接测量法	实际自我一致性、理想自我一致性	品牌激情
48	Han 等（2019）	旅游购物场所	自我一致性	直接测量法	社会自我一致性、理想社会自我一致性	购物价值、情绪体验
49	Hung, Chen, Peng（2019）	旅游目的地	自我一致性	直接测量法	理想自我一致性	满意度
50	Su 等（2019）	酒店	自我一致性、功能一致性	直接测量法	实际自我一致性	品牌态度 调节变量：酒店消费的社会可见度

续表

序号	作者(发表年份)	研究情境	自我一致性／功能一致性	自我一致性测量方法	自我一致性维度	因变量
51	Guervos 等（2020）	旅游目的地	自我一致性	直接测量法	实际自我一致性、理想自我一致性	基于客户的目的地品牌资产
52	Fu 等（2020）	主题公园	自我一致性	直接测量法	实际自我一致性、理想自我一致性、社会自我一致性、理想社会自我一致性	体验流
53	Joo 等（2020）	旅游目的地	自我一致性	直接测量法	实际自我一致性、理想自我一致性	情感联结
54	Moons 等（2020）	生态旅游	自我一致性	直接测量法	实际自我一致性、理想自我一致性、社会自我一致性	支付更多意愿调节变量：性别
55	Suryaningsih（2020）	旅游目的地	自我一致性	直接测量法	实际自我一致性	行为意向调节变量：文化背景
56	Yanga 等（2020）	旅游目的地	自我一致性	直接测量法	实际自我一致性、理想自我一致性	游后意向
57	Chen 等（2020）	旅游目的地	自我一致性	直接测量法	实际自我一致性	目的地品牌契约、重游意向、推荐意向
58	Cheng（2020）	旅游目的地	自我一致性	直接测量法	实际自我一致性、理想自我一致性、社会自我一致性、理想社会自我一致性	口碑、旅游意向
59	Frias 等（2020）	旅游目的地	自我一致性	直接测量法	实际自我一致性、理想自我一致性	基于客户的目的地品牌资产
60	Han 等（2020）	餐馆	自我一致性	直接测量法	理想自我一致性	品牌认同
61	Hashemi 等（2020）	会议	自我一致性	直接测量法	实际自我一致性、理想自我一致性	与会者行为意向
62	Strandberg 等（2020）	地方	自我一致性	直接测量法	实际自我一致性	地方依恋
63	Ding 等（2021）	文化创意园区展	自我一致性	直接测量法	实际自我一致性、理想自我一致性、社会自我一致性、理想社会自我一致性	展览体验价值

续表

序号	作者(发表年份)	研究情境	自我一致性/功能一致性	自我一致性测量方法	自我一致性维度	因变量
64	Huaman-Ramirez(2021)	旅游目的地	自我一致性	直接测量法	实际自我一致性、理想自我一致性、社会自我一致性、理想社会自我一致性	目的地他态度 调节变量:旅游涉入、年龄
65	Li和Lai(2021)	旅游目的地	自我一致性	间接测量法	实际自我一致性、理想自我一致性	感知形象
66	Ferdinand(2021)	旅游目的地	自我一致性	直接测量法	实际自我一致性、理想自我一致性	目的地忠诚度
67	Japutra等(2021)	旅游目的地	自我一致性	直接测量法	理想自我一致性	目的地品牌刻板印象
68	Meeprom和Fakfare(2021)	文化节事	自我一致性	直接测量法	实际自我一致性、理想自我一致性	与会者参与度
69	Olk(2021)	绿色主张	自我一致性	直接测量法	实际自我一致性、理想自我一致性	感知真实性
70	Wang等(2021)	客栈	自我一致性、功能一致性	直接测量法	实际自我一致性、理想自我一致性	满意度
71	Bynum Boley等(2022)	旅馆	自我一致性、功能一致性	直接测量法	实际自我一致性、理想自我一致性	入住可能性 调节变量:旅馆类型
72	Cifci(2022)	旅游目的地	自我一致性	直接测量法	实际自我一致性、理想自我一致性	难忘的旅游体验、目的地依恋
73	Phuong等(2022)	旅游目的地	自我一致性	直接测量法	实际自我一致性、理想自我一致性	目的地忠诚度、感知目的地质量、旅游者满意度 调节变量:到访频率
74	Rao等(2022)	旅游目的地	自我一致性、功能一致性	直接测量法	实际自我一致性	亲环境行为意向
75	Usakli(2022)	旅游目的地	自我一致性、功能一致性	直接测量法	实际自我一致性、理想自我一致性、社会自我一致性、理想社会自我一致性	目的地依恋
76	Wang和Yan(2022)	旅游目的地	自我一致性	直接测量法	实际自我一致性	旅游意向、信任

续表

序号	作者(发表年份)	研究情境	自我一致性/功能一致性	自我一致性测量方法	自我一致性维度	因变量
77	Wu 和 Lai（2022）	旅游目的地	自我一致性、功能一致性	直接测量法	实际自我一致性、理想自我一致性	目的地忠诚度
78	Yang Isa, Ramayah 等（2022）	旅游目的地	自我一致性	直接测量法	实际自我一致性、理想自我一致性	重游意向 调节变量：不确定性避免
79	Yang Isa, Ramayah 等（2022）	旅游目的地	自我一致性	直接测量法	实际自我一致性、理想自我一致性	重游意向 调节变量：性别
80	Zhang 等（2022）	高尔夫旅游	自我一致性	直接测量法	实际自我一致性、理想自我一致性	行为意向
81	Zhou 等（2022）	旅游目的地	自我一致性、功能一致性	直接测量法	实际自我一致性、理想自我一致性	旅游者满意度、忠诚度
82	Elshaer 等（2022）	遗产酒店	自我一致性	直接测量法	实际自我一致性、理想自我一致性	遗产酒店、怀旧体验 调节变量：数字技术
83	Gómez-Rico 等（2022）	旅游美食场所（创意餐馆）	自我一致性	直接测量法	实际自我一致性、理想自我一致性	创意美食旅游体验 调节变量：旅游者以往的旅游经历
84	Kim 和 Cho（2022）	旅游目的地	自我一致性	直接测量法	实际自我一致性、理想自我一致性	游客光顾意向 调节变量：人格倾向
85	Zhou 等（2022）	旅游目的地	自我一致性	直接测量法	实际自我一致性、理想自我一致性	目的地品牌福祉
86	Guo 和 Hsu（2023）	旅游目的地	自我一致性	直接测量法	实际自我一致性、理想自我一致性	品牌体验、自我延伸
87	Huaman-Ramirez 等（2023）	旅游目的地	自我一致性	直接测量法	实际自我一致性、理想自我一致性、社会自我一致性、理想社会自我一致性	目的地态度

续表

序号	作者(发表年份)	研究情境	自我一致性/功能一致性	自我一致性测量方法	自我一致性维度	因变量
88	Nguyen 等（2023）	旅游目的地	自我一致性	直接测量法	实际自我一致性	重游意向
89	Tsaur 等（2023）	酒店	自我一致性	直接测量法	实际自我一致性	入住意向
90	Cifci 等（2023）	旅游目的地	自我一致性	直接测量法	实际自我一致性、理想自我一致性	重游意向 调节变量：性别
91	Li 等（2023）	综合度假区	自我一致性	直接测量法	实际自我一致性	主观幸福感
92	Segota（2023）	广告	自我一致性	间接测量法	理想自我一致性、理想社会自我一致性	感知的购买风险和态度 调节变量：基于目的地属性的宣传图片、基于用户形象的宣传图片

（来源：作者根据文献绘制）

（二）功能一致性

1. 功能一致性的定义

　　功能一致性的概念最初是在自我形象一致性研究的背景下引入的，目的是区分在消费态度形成和改变过程中消费者自我表达（价值表达）标准和实用性标准的使用（Sirgy 等，1991）。功能一致性是指客户在消费前对产品属性的感知与消费后对这些属性的评估之间的差异（Kressmann 等，2006）。功能一致性主要是衡量产品的性能属性与客户对其功能的期望一致的程度。此外，它还表明了客户倾向于寻求产品所提供的实用利益。Chon 和 Olsen（1991）认为，功能一致性是指客户倾向于在产品或服务与其功能特征之间建立联系，并将这些功能属性与他们的期望和实际体验相匹配。根据 Sirgy 等人（1991）的说法，有一种观点认为，产品/品牌的感知功能属性与消费者期望的产品/品牌特征之间的更高水平的一致性可以增加消费者购买动机的可能性。Chon 和 Olsen（1991）在旅游目的地的背景下对功能一致性进行了解释，他们将功能一致性定义为游客对目的地功能特征的期望与其感知到的目的地实际表现之间的一致程度。功能一致性的概念涉及游客与特定旅游目的地相关的预期和实际功能特征，而不是其象征性或价值表达特征。因此，旅游目的地的功能表现包括各种功能特征，如便利设施、舒适度、食物质量、休闲活动、文化遗产和供给游客的自然环境质量（Bosnjak 等，2011），这些属性构成了影响游客行为的目的地形象的重要组成部分（Ahn，2013）。旅游者对目的地忠诚度的形成受到这些功能属性评估的影响，从而产生功能一致性（Bosnjak 等，2011；Sirgy 和 Su，2000）。

2. 功能一致性的测量

与公认的、广泛适用的自我一致性测量量表相比，目前缺乏这种功能一致性的测量量表。不同产品 / 品牌类别的性能或实用功能不同，在评估功能一致性时，需要考虑不同产品 / 品牌的不同功能属性。然而，有少量研究对功能一致性进行整体测量，利用囊括了所有功能属性的全面评估功能一致性的陈述句让受调查对象进行评估，如 "× 产品 / 品牌拥有我在此类产品 / 品牌中寻求的所有功能属性" 或 "× 产品或品牌满足我对此类产品 / 品牌的所有功能要求"（Sop 和 Kozak，2019；Su 和 Reynolds，2017）。然而，这种测量方法未能涵盖功能一致性的多方面属性。在消费者行为研究领域，学者们通常使用多属性态度模型来评估功能一致性（Sirgy 等，1991）。换句话说，产品的功能特征被识别并用作评估功能一致性的指标。例如，Hung 和 Petrick（2011）进行了一项研究，从服务、空间和活动三方面评估邮轮旅游情境下的功能一致性及其对邮轮旅游者意图的影响。在 Kang 等人（2012）的研究中，多种因素被纳入咖啡店的功能一致性测量，这些因素包括商店的位置、清洁度、质量、座位、菜单、员工、商店内部设计和价格等。Ahn 等人（2013）采用了一套标准，即设施及其舒适度、食物、文化遗产、休闲活动和自然资源，来评估旅游目的地的功能属性。Lee 等人（2014）基于形象一致性的概念开发了一个符合开会者行为特点的框架。在这个框架内，他们确定了会议特有的质量维度，包括可进入性、会议外机会、地点环境、社交网络、专业教育和员工服务。Kang（2013）借用了一家快餐休闲餐厅设置了八种功能属性来衡量名牌咖啡店的功能一致性，这八种功能属性是菜单种类、员工的职业形象、室内设计和装饰、合理的价格、等座时间、咖啡质量、清洁度和商店位置。Usakli（2022）在一项旅游目的地情境下的研究中,坚持旅游目的地认知形象代表旅游目的地功能特征的观点(Chen 和 Phou,2013),用之前对该旅游目的地形象研究中得出的一共 24 个认知形象属性测量旅游目的地的功能一致性。在 Boley(2022)的一项对住宿环境的研究中,其创建了一个关注服务质量和价格的功能一致性二维度量。由于功能一致性理论尚未应用于主题公园研究领域,主题公园中的功能一致性测量仍然是一片空白。

3. 功能一致性的影响

从表 3-6 中可以看出,与自我一致性研究相比,只有很有限的研究探讨在旅游情境下功能一致性的影响。这些研究表明,功能一致性对旅游目的地选择(Olsen,1991;Wang 等,2021;Zhou 等,2022)、邮轮旅游忠诚度(Hung 和 Petrick,2011;Hung 和 Petrick,2012)、酒店品牌忠诚度(Sop 和 Kozak,2019)、旅游目的地忠诚度(Bosnjak 等,2011;Wu 和 Lai,2022;Zhou 等,2022)、酒店品牌态度(Su 等,2019;Su 和 Reynolds,2017)、咖啡品牌忠诚度(Kang,2013)、旅游目的地依恋(Usakli,2022)、游客的环保行为意向(TPEBI)(Rao 等,2022)、餐厅或酒店满意度(Ekinci 等,2008)、选择特许经营住宿或者独立经营住宿的决定(Bynum Boley 等,2022)有积极影响。

(三)忠诚度

忠诚度是指持续重复购买产品或服务的坚定承诺(Oliver,1999)。对旅游目的地忠诚度高的游客会产生强烈的地方依恋,在目的地消费更多,停留时间更长,并积极推荐该目的地(Fu,2019)。忠诚包括三个类型,即认知忠诚、情感忠诚和意欲忠诚(Oliver,1999)。认知忠诚与游客对功能属性相关信息的忠诚度有关,而情感忠诚是指游客对旅游目的地基于情感的态度(Park,2019)。意欲忠诚是忠诚度的最高级别,与游客继续访问旅游目的地的意愿有关(Yuksel 等,2010)。除了这个被广泛接受的模型外,传统的忠诚的划分还包括行为忠诚、态度忠诚和复合忠诚(态度忠诚和行为忠诚的结合)三个维度(Bowen 和 Chen,2001)。认知忠诚、情感忠诚和意欲忠诚皆属于态度忠诚。态度忠诚是指消费者在购买行为中的心理承诺,如推荐意愿和购买意愿,而行为忠诚是指顾客重复购买的频率。然而,Chen 和 Gursoy（2001）指出,态度忠诚更适合于研究游客忠诚度,因为即使游客不去旅游地,他们也可以对目的地产生忠诚。因此,态度忠诚在后来的旅游研究中被广泛应用（Chi 等,2018；Ekinci 等,2013；Ferdinand,2021；Han 和 Back,2008；Hung 和 Petrick,2012；Hung 和 Petrick,2010；Kang 等,2013；Kim 和 Thapa,2018；Liu 等,2012；Liu 等,2019；Malek,2017；Pan 等,2017；Phuong 等,2022；Sop 和 Kozak,2019；Wu 和 Lai,2022；Zhou 等,2022）。

（四）调节变量

1. 个人因素调节变量

（1）旅游目的。

根据 Su 和 Reynolds（2017）的研究,休闲游客和商务旅行者是酒店业的两个重要细分市场。理解他们在品牌选择过程中的差异是至关重要的,因为这些知识的应用可以为酒店带来实际营收效益。大量数据表明,出于商业目的旅行的个人和出于休闲目的旅行的个人在选择酒店时有不同的标准和期望。商务旅行者在选择酒店时优先考虑清洁度和位置等属性,而休闲旅行者则认为安全、个人互动和房价更重要。商务旅行者和休闲旅行者对酒店一般设施和核心服务的需求水平相似。然而,休闲旅行者倾向于优先考虑儿童保育计划和室内小厨房等设施,而商务旅行者则发现公共区域和酒店服务更具吸引力,因为他们在酒店住宿期间有更高的社交需求。这两个类别之间的另一个显著区别是他们对定价的敏感程度。商务旅行者的费用通常由他们的组织承担,他们往往不太容易受到价格波动的影响,重游的可能性在很大程度上受到酒店提供的质量或价值的影响,尤其是酒店的公共服务。相比之下,没有一项质量标准对休闲旅行者的决策过程有显著影响,休闲游客在选择酒店时主要将价格视为主要因素。休闲旅行者和商务旅行者在更抽象的层面上也存在明显差异,尤其是在他们追求的基本价值方面。休闲旅行者的决策和行为意图主要受到享乐价值的影响。与商务旅行者相比,休闲旅行者更重视与"乐趣""娱乐""唤醒""享受"等术语相关的情绪。相反,优先考虑职业目标的商务旅行者更重视实用性而非愉悦性。因此,功能一致性的概念在商务旅行者选择酒店品牌的决策过程中变得至关重要。相比之下，休闲旅行者优先考虑酒店提供的体验价值和自我表达价值，自我一致性更为重要。

Lee（2018）认为，按照旅行目的对市场进行细分对航空业非常重要，因为不同的旅行目的消费行为不同，特别是度假旅游者和商务旅行者对价格、服务、航班时间的敏感度不同。相关研究结果表明，商务旅行者偏好准时、高效、优雅和安全等服务特征，而度假旅行者更喜欢有趣、友好和异国情调等服务特征。这实际上依然说明，商务旅行者更看重功能一致性，而度假旅行者更看重自我一致性。

对于主题公园来说，尽管其主要的客人为休闲／度假旅行者，不像酒店和航空公司同时拥有休闲／度假旅行者和商务旅行者两类明显的客人。但商务旅行者也可能在旅行期间到访主题公园，也不排除在主题公园内的游客有像商务旅行者一样的社会交往行为，这些人可能会注重功能性一致，如咖啡店、茶吧等设施的设置。

（2）年龄。

随着年龄的增长，游客的行为往往会发生变化。根据 Huaman-Ramirez（2021）的研究，在探索不熟悉的旅游景区时，年轻人经常参加户外娱乐活动，在度假娱乐设施中寻求乐趣，并选择在居住地附近方便地休闲度假。此外，他们倾向于将预算中相对较小的一部分用于度假旅行支出。相比之下，老年游客更倾向于参观历史地标，并更喜欢邮轮和旅游度假等休闲活动。在评估旅行体验时，与年长的旅行者相比，年轻的旅行者往往会形成不太有利的事后满意度判断。然而，与年长乘客相比，年轻邮轮乘客的满意度似乎对他们的情感承诺有更大的影响。当年轻游客接触到描绘冒险度假环境的旅游广告时，他们更容易受到令人恐惧和冒险的画面的影响。

游客的年龄对他们对某个目的地的评估有影响。老年人倾向于对有限时间的感知，因此，他们表现出更喜欢参与具有高情感性、有意义的生活体验或活动。随着年龄的增长，人们倾向于将更多的精力用于追求情感体验，并表现出抓住当下机会、享受和欣赏眼前可能发生的事情的偏好。如果在"捕捉未探索的世界"和"捕捉那些特殊的时刻"两个类似广告口号中做出选择，老年人更喜欢第二个口号，因为这承诺了更高水平的情感满足。同样，年长的客户与他们使用的品牌表现出更高程度的情感联系，这种倾向同样适用于旅游目的地。

在这种情况下，考虑到当代旅游的本质在很大程度上是向游客提供体验时刻，与年轻人相比，老年人对目的地可能表现出更加积极的欣赏态度。

此外，与年轻游客相比，老年游客对目的地态度受自我一致性影响更为明显。老年人更有可能选择具有意义并符合其个人目标的活动，因为时间有限的印象可能会导致他们对生活目标进行重新评估和排序。因此，与年轻游客相比，老年游客可能会对具有象征意义的目的地表现出更积极正向的评价。

对于主题公园来说，年轻人可能更看重刺激的项目，老年人则可能更注重静态优美具有观赏性或舒缓参与性，或者具有历史文化内涵的项目。对于不同类型的主题公园，老年人和年轻人的自我一致性对旅游行为的影响表现可能不同。

（3）性别。

女性和男性在决策过程和行为方面存在差异，性别影响决策和行为的各个方面。根据Yang（2022）的研究，男性往往表现出更高水平的勇气和自立能力，而女性则更倾向于遵守社会规范，表达自己的情绪，并表现出对他人的同理心。在研究影响个人旅行决策的人口统计学因素中，与教育背景、收入水平、婚姻状况或宗教等相比，性别是一个突出因素。然而，关于特定性别旅游的研究很少。研究休闲活动、旅行行为以及旅行和体验偏好方面的性别差异的研究数量有限。

性别的社会和心理结构预计将对影响游客行为的特定社会心理机制产生调节影响，目的地的感知情况因性别而异。对一个西班牙旅游目的地进行的研究结果表明，与男性游客相比，女性游客对文化/自然资源和休闲基础设施的满意度更高（Beerli 和 Martin，2004）。学者们一直强调人格在描述目的地方面的重要性（Kumar 和 Nayak，2018；Pan 等，2017）。女性和男性游客对目的地人格的感知会存在差异，男性和女性特征在目的地感知中的作用有待进一步研究。性别是一种表面特征，它对个人吸引力具有高度指示性，是自我概念的核心。自我概念会因性别而异，女性比男性更倾向于形成集体主义或者互助的自我概念，强调与他人的关系，男性更容易形成个人化的自我概念，强调自我成就与独立（Onkvisit 和 Shaw，1987）。研究人员已经证实了实际性别一致性和理想性别一致性测量的有效性（Pan 等，2020）。因此，预计性别将会对目的地形象感知、目的地人格感知、自我一致性和旅行行为产生很大影响。旅游领域现有的研究探讨了性别在自我一致性和支付更多意愿（Moons等，2020）以及自我一致性和重游意向（Yang等，2021；Cifci，2023）中的调节作用。就主题公园而言，对于不同人格特征的主题公园，男性和女性的自我一致性对旅游行为的影响表现可能不同。

（4）代际细分。

根据 Luna-Cortés 等人（2018）的研究，一代人可以被描述为一个独特的群体，具有共同的出生年份、年龄和在关键发展阶段的关键生活事件经历。关于不同代际的分类，大多数学者非常强调每个群体中个人的年龄。X 代指的是 1965 年至 1980 年出生的一批人。Y 代通常被称为千禧一代，包括 1980 年至 2000 年出生的一群人。社会和文化影响在塑造不同代际的信仰和行为方面发挥着重要作用。由于他们的个性特征和成长的社会文化背景的差异，这些代际群体可能会在产品、品牌、服务和体验的偏好方面表现出不同的消费者行为。同一代人的认知过程、情绪反应和行为往往表现出相似的模式。与性别、居住地区或旅行频率等标准相比，世代群体变量更能成功地解释不同目标群体游客消费习惯的变化。X 一代和 Y 一代之间存在某些区别特征。例如，属于 Y 一代的人倾向于优先从事愉快的活动，同时积极寻求尽量减少单调的任务和压力。与 X 一代相比，Y 一代人通常被认为更容易接受新颖的想法和观点。此外，Y 一代的消费者行为明显受到同龄人的观点和判断的影响。两代人都参与社交媒体平台，然而，Y 一代游客在利用这些新兴技术方面具有很高的熟练程度。在采购旅游产品和服务的背景下，当代人对电子商务表现出更积极的态度和倾向。互联网用户倾向于信任来自网页的信息，尤其是通过社交网络传播的信息。需要考虑的一个方面是，属于 X 一代的个人表现出更高程度的参与虚拟社交网络，以传播他们的旅游体验，从熟人和家人那里获取信息，并获得其他个人利益，如娱乐。相比之下，属于 Y 一代的个人似乎以更深刻的方式利用他们的虚拟社交网络来进行自我展示，并在旅行后加强他们的身份。可以假设，在利用社交媒体讨论旅游目的地时，自我一致性和目的地品牌之间的联系可能受到代际分割的影响。与身份认同相关的特征与年轻旅行者的幸福感和忠诚度水平之间存在显著关系。对于年轻旅行者，身份认同对依恋的影响明显大于对满意度的影响。

对于主题公园来说，代际与年龄对自我一致性对于旅游行为的影响的调节作用相当，但代际划分更加笼统。

（5）社会地位。

根据Correia（2016）的研究，具有显著公众知名度的个人往往倾向于访问不太显眼的目的地，而那些公众曝光度有限的人往往更喜欢显眼的目的地，或者至少更喜欢高档目的地，在那里他们无论社会地位如何都能得到皇室成员般的待遇。

在度假期间，那些经常引起公众关注的音乐家们会优先考虑寻求宁静和隐蔽的环境来参与家庭活动，特别强调卓越的品质和愉快的体验，与家人共度美好时光，不去引人注目，远离成名带来的高曝光率的压力。相反，普通民众通常认为引人注目是最突出、最精致、最令人振奋的旅游体验，社会地位较低的个人在度假期间更希望提高自己的社会地位。

对于主题公园来说，尤其是综合度假型主题公园，根据市场定位，低可见度空间和高可见度空间可以考虑分区设置，以满足不同社会地位的群体对消费可见度的需求。

（6）旅游涉入。

在旅游情境下，涉入被定义为探索新地方的愿望和休闲旅行的价值。旅游涉入对旅行者钻研、评估和参与旅游活动的方式有影响。由于对新地方或旅行的兴趣会影响形成积极体验的参与程度，因此涉入是旅行体验的重要前提。高涉入的旅行者可能对地点、人、节事、娱乐活动、风景和氛围更加欣赏，因为他们更重视旅行的这些特征。因此，高涉入的旅游者可能更容易形成对一个地方的积极态度（Huaman-Ramirez，2021）。

（7）旅游经历。

在市场营销中，经历通常是指顾客在商店或游客在旅游目的地的消费经历或消费频率。消费经历越多或消费频率越高，则可以供参考的经验就越丰富。当客户对某个品牌的知识有限或不熟悉时，他们倾向于将自我一致性作为品牌选择的决定因素（Johar和Sirgy，1991）。随着时间的推移，对特定品牌的知识和经验的积累有助于加深对品牌功能特征的了解，从而有助于品牌的评估（Johar和Sirgy，1991）。根据Sirgy等人（2000）的研究，在客户对品牌的知识和经验有限的情况下，自我一致性对消费者行为的影响可能更为明显。经验较少的人往往更容易受到非信息线索的影响，而经验较多的人则更容易受到信息内容的影响（Sirgy 和 Su，2000）。经验丰富的游客在评估地点时往往会优先考虑实用标准，而经验较少的游客则倾向于优先考虑整体的、基于形象的线索，如自我一致性（（Johar 和 Sirgy，1991；Sirgy 和 Su，2000）。

（8）停留时间。

停留时间是指从接待国家或地点的角度衡量的访问期间所花费的时间（WTO，1995）。该变量将游客分为两大类（Smeral，2006）：当天游客和过夜游客，两者的购买后行为可能存在差异，表现在几个方面。首先，由于在一个地方停留的时间较少，当天游客的体验可能与过夜游客不同。其次，由于对总行程的感知等方面存在差异，这可能导致当天游客和过夜游客之间的满意度存在差距。最后，由于当天游客可能多少会留有遗憾、认为他们应该有更多的时间来享受旅游目的地，两类游客的重游愿望和向朋友推荐意愿可能不同（Carmen 等，2017）。停留时间的长短也会影响其他方面的满意度，如生活质量，事实上，休长假的旅行者似乎更有可能提高他们的整体生活满意度（Neal，2003）。

2. 产品因素调节变量

（1）产品类型。

根据 Jeong 和 Jang（2018），个人的自我概念和他们对某些产品的偏好之间的关系可能因产品类别而异。这是因为在评估过程中，自我概念的不同方面可能会发挥作用。与理想的自我概念相比，实际自我概念的一致性效应可能没有那么明显，因为顾客经常表现出不愿意仅仅描绘自己。相比之下，个人的目标是将他们理想的自我概念叠加到购买的实例中，特别是当他们实际的自我概念有些不利时。自我一致性效应可能会受到产品特点的影响（Dolich，1969；Graeff，1996；Ross，1971）。品牌消费中的社会可见性概念涉及个人的认知，即消费特定品牌的行为是可观察的，并受到朋友、家人或同事等参考群体的高度尊重。根据社会可见度，品牌消费可以分为公共消费或私人消费。一个人的理想自我形象一致性对公开消费品牌态度的影响比实际自我形象一致性的影响更加明显，相反，一个人的实际自我形象一致性对私人消费品牌的态度比理想自我形象一致性更重要（Dolich，1969；Ross，1971）。产品显著性对自我监控概念有调节作用，在显著产品的情况下，理想自我形象一致性对产品评价的影响比实际自我形象一致更显著。然而，在评估不显著的产品时，个人的实际自我形象一致性和理想自我形象一致性的影响没有明显的差异（Graeff，1996）。这些论点背后的基本观念是，公开消费或容易引人注目的品牌或产品可以与社会地位的展示有直接和积极的联系。这些品牌和产品可以作为个人实现自尊动机的一种手段，自尊动机是指消费者倾向于通过达到自己想要的状态来增强自尊。因此，这可能导致理想的自我形象与此类品牌或产品的消费之间的一致性（Hong 和 Zinkhan，1995）。此外，一个人的实际自我形象与私人消费的品牌或不起眼的产品之间的一致性可能会产生更显著的影响。这是因为个人的自洽动机促使他们以与当前自我形象一致的方式行事，以保护他们的个人身份（Sirgy 等，2000）。

这种产品类型对自我一致性影响的调节作用在餐饮酒店业研究得较多。在餐厅情境下，自我形象一致性的各个维度对顾客良好情感的影响可能会因餐厅的类别而改变，如休闲餐厅或高级餐厅。根据 Jeong 和 Jang（2018）的研究，休闲餐厅强调便利、高效，这些餐厅在轻松的环境中提供餐桌服务，以实惠的价格提供多样化的菜单选择。高级餐厅非常重视整体卓越性和质量价值，以及与用餐体验相关的情感价值。这些餐厅提供卓越的服务，每道菜都制作精美、一丝不苟，餐厅内氛围豪华。在这两类餐厅中，高级餐厅提供卓越的美食和最佳的内部和外部物理环境，其产品或服务更可感知，可以帮助消费者直接向公众展示他们的社会地位。从本质上讲，高级餐厅提供的产品和服务的属性有助于增强顾客的自尊，从而影响他们对餐厅的好感。因此，对于高级餐厅，消费者认为他们理想的自我形象与餐厅一致的程度可能会对他们的积极情绪反应产生更明显的影响。相比之下，对于提供不太引人注目的产品或服务的休闲餐厅，消费者感知到的实际自我形象一致性对他们对餐厅积极情绪的影响可能更强。在酒店的消费情境下，根据 Su（2019）的研究，自我形象一致性的影响随着酒店消费的社会可见性而增加，这种增加在高价酒店中尤其显著，而在低价酒店中则不显著。在消费的社会可见性低的酒店，消费者主要基于产品的固有功能特征进行购买，功能一致性对消费态度将发挥更大作用。根据 Boley（2022）的研究，选择特许经营或独立经营住宿的决定受到功能一致性和自我一致性的影响。然而，与特许经营住宿相比，独立经营住宿的自我一致性对入住可能性的影响更大，这表明在入住住宿的象征性方面，独立经营住宿更强。

据此可以推论，对于主题公园来说，知名品牌主题公园和普通主题公园对自我一致性和功能一致性效应的影响会存在不同；综合度假型主题公园、历史文化观光型主题公园、表演型主题公园、游乐型主题公园对自我一致性效应的影响会存在不同。

（2）数字技术。

根据 Elshaer（2022）的研究，文化旅游区融合了数字技术，以增强游客体验并促进更大的互动。增强现实（AR）、虚拟现实（VR）和全息技术已在旅游业的许多细分领域得到成功应用。增强现实技术能够在文化遗产地集成数字标牌和材料，同时保持原始建筑和景观的完整性。在遗产旅游的背景下，虚拟现实和增强现实技术的结合有可能通过模拟过去的传统和民间传说来有效地管理不同的回忆。技术接受模型（TAM）已被广泛认为是新技术采用研究领域的一个突出理论框架。技术接受模型表明，感知易用性和实用性的认知信念是影响技术采用的重要因素。然而，最近有人批评技术接受模型，因为它在考虑情绪和情感信念方面存在不足。怀旧的概念通常与重要的情感成分联系在一起。在这种讨论的背景下，可以认为数字技术有可能调节自我一致性和怀旧之间的联系。研究表明，在遗产酒店情境下，数字技术的存在具有减轻自我一致性和怀旧体验之间正相关性的作用，这与早期提出的关于技术接受模型的批评一致，因为它在阐明个人对技术的接受时没有考虑到情绪和情感信念。这种现象可能归因于某些客户更喜欢沉浸在与传统酒店历史时代氛围非常相似的真实酒店体验中。这种类型的访问者更喜欢参与真实而非虚拟的体验，愿意与生活在特定历史时期的人们穿着同样的衣服，以同样的方式消费传统美食，以类似的方式接受服务，以及参加同样的庆祝活动。总之，希望沉浸在与个人自我概念和谐一致的怀旧体验中。

对于主题公园来说，与遗产酒店不同，由于其人造景观的性质，主旨在于提供娱乐体验，恰恰相反，数字技术应当能强化主题公园游客自我形象一致性对游玩的良好情感情绪的影响，数字技术的强化效果取决于其给游客带来的沉浸式体验程度。当然，对于小部分同时含有文化或自然遗产的组合式或综合式主题公园而言，数字技术对于自我一致性与怀旧体验、真实性感受的调节作用在其遗产部分应当与遗产酒店的情况相类似。

3. 文化因素调节变量

在考虑品牌人格化策略的影响时，跨文化差异的重要性经常被忽视（Aguirre Rodriguez，2014）。根据 Matzler 等人（2016）的研究，在 Hofstede 的文化模型中，文化被描述为区分属于不同社会群体的个人的共同认知框架。Hofstede 的文化模型阐明了自我、个性和身份概念之间的区别，从而为品牌战略和传播中的多样性提供了一个解释框架。文化包括六个维度：权力距离、避免不确定性、个人主义与集体主义、男性气质与女性气质、长期与短期取向、放纵与克制。Hofstede 的文化范式得到了广泛的接受和使用。一些学者提出了文化取向对消费者品牌关系影响的理论。个性和避免不确定性的文化特征已被确定为与品牌自我一致性和品牌人格化策略相关的特别显著的文化特征（Aguirre Rodriguez，2014）。根据 Matzler 等人（2016）的研究，在强调个人主义的文化中，人们认为自己是自主和独立的。个人的独特性、具体性和与他人的区别是由其内在和私人的属性、能力、信仰和特征决定的。对真实自我有清晰理解的人有能力表现出自主行为，并独立于他人行事。一致性，无论是与态度、自我概念还是行为有关，都被认为在个人主义文化中具有更大的意义。在这种文化背景下，不一致被视为对自我的基本、持久和真实本质的潜在挑战。在个人主义社会中，成熟、可靠和诚实等理想特质与一致性密切相关。品牌自我一致性可以被概念化为一种一致性，其中消费者对品牌身份的看法与他们自己的个性一致。因此，如果在优先考虑个人主义的文化中更强调一致性，那么可以推断，自我一致性的影响在这些文化中更为明显。品牌自我一致性的概念作为积极客户反应的预测因素具有重要意义，包括有利的品牌认知和购买意愿（Aaker，1997；Aguirre Rodriguez 等，2012；Sirgy，1982）。因此，人们预计，在以个人主义为特征的文化中，品牌自我一致性和访问意图之间的关系更明显。来自优先考虑个人主义的文化的个人倾向于访问那些拥有与个人自我概念产生共鸣的品牌属性的地区。

中国人时常与家人或亲朋好友一块出游，此时参与旅游体验的动机可能会考虑家人和朋友的期望，这与 Hofstede 的文化维度方面所表明的集体主义文化价值观相一致。但是集体主义和个人主义是相对的，集体主义文化下的个人会有个人主义的诉求，个人主义文化下的个人也会有集体主义的诉求。

一个人在旅游休闲上不可能是绝对集体主义或个人主义,应当只是处于这两端构成的一个连续体的某个点,在特定的社会情境下会灵活变通。故此中国游客既有家人或亲朋好友一块出游,也有个人出游,规模皆在少数。

对于具有不同国籍游客构成的国际化主题公园来说,应当考虑跨文化的因素,不同文化对自我一致性效应应当具有不同的影响。除了不同的国籍,同一国家内不同区域、不同民族游客之间的文化观念也可能存在差异。主题公园的文化主题也是重要的文化因素之一,对于主题公园来说,沁人心脾或与游客文化心理相契合的文化主题,可能会强化游客自我一致性对旅游行为的影响效应或者本身即自我一致性的重要影响因素,反之,则可能削弱自我一致性对旅游行为的影响效应或者引起自我不一致。以无锡的几个主题公园为例,灵山景区的佛教文化主题在中国具有深厚的文化土壤。佛教进入中国至今也已逾两千年,佛教对中国文化的影响表现在哲学、文学艺术和民间风俗等诸多方面,已经和中国灿烂悠久的历史融为一体,已经根植于中华文明,已经成为影响国民心理的集体无意识。因此,灵山景区的佛教文化主题有与游客对话的文化基础,并且佛教具有的丰富深邃的思想哲理内涵、积极的当代社会价值和本身具有的吉祥平安意义,也使佛教文化主题具有可发扬性和长期激励性。无锡三国城、水浒城是中央电视台为拍摄电视连续剧《三国演义》《水浒传》而建。文学名著《三国演义》《水浒传》家喻户晓,是萦绕在国人心中的文化情结。至于拈花湾,其倡导的理念符合东方游客的休闲美学观念。但是对于同为主题公园、同样位于无锡太湖之滨的统一嘉园,妈祖文化的主题在江南地区缺乏文化和信仰基础,是其停业的重要原因。

(五)中介变量

1. 积极情绪

根据 Lee 等人(2017)的研究,情绪已被广泛认为是一个影响消费者消费后行为的重要因素。情绪可以定义为个人的情感感受,如感到高兴或舒适的积极情绪,感觉紧张或愤怒的消极情绪。消费情绪是指个人在对构成产品或服务性能的各个方面进行评估时所经历的情绪反应。客户消费情绪因素在决定各种直接或间接结果变量方面发挥着至关重要的作用,包括满意度、信任度、承诺和忠诚度意向。积极情绪对未来行为意图具有有利影响。在酒店和餐厅的服务质量判断与客户忠诚度之间的联系上，积极情感反应具有部分中介作用。餐厅特有的许多因素，如氛围、产品质量和服务质量，对顾客的情绪具有积极或消极的影响。然而，只有愉快的感觉才会影响食客随后的行为意向。换句话说，只有积极的情绪才能在餐厅氛围和服务以及顾客用餐后的后续行为意向之间起着中介作用。感知到的服务公平对积极情绪的体验有提升作用。这些积极的情绪感受在服务公平与游客的几种行为意图之间起着中介作用，包括忠诚度、重游意图和口碑推荐。根据 Lee 等人（2017）的研究，在候机室情境下，自我一致性和功能一致性对于愉快的情绪具有积极的影响，愉快的情绪对客户满意度有积极的影响。自我一致性和功能一致性通过愉快情绪的中介作用对客户满意度产生间接而显著的影响。

对于主题公园来说，其本身即提供娱乐体验、情绪价值，客人的自我一致性对其快乐情绪应当有积极影响，快乐情绪对其后续的行为意向有积极影响。

2. 感知价值

Kim 等人（2018）认为，理解消费者行为需要解析消费者对产品、目的地或活动的感知价值。价值可以定义为消费者对特定活动的主观价值感知或者对所有消费成本和净利益的客观考虑。价值可以被视为获得的加权利益属性与付出的成本属性的比较。价值可以被理解为一个由两个部分组成的理论：游客获得的利益（如社会上和经济上的）和付出的代价（包括便利性、风险、精力、时间和价格）。感知价值是指客户对感知到的付出和感知到的利益之间的平衡评估。感知价值是营销工作的重要成果，也是旅游领域目的地管理的主要关注点（Chen 等，2010）。拥有独特而明确的形象或身份的目的地往往能够在更大程度上满足游客的象征欲望，而不是他们的功能性需要。根据 Beerli 等人（2007）的研究，因为当个人认为自己与目的地形象一致时，他们会获得与该地点相关的愉快结果，因此，可以合理地预测，与目的地形象一致的游客会将更高水平的价值归于所提供的服务。根据 Usakli 和 Baloglu（2011）的研究，拥有更强大形象的目的地更有可能增强游客的价值感知。Murphy 等人（2007）认为，与目的地形象一致的游客更有可能对于目的地带来的利益价值给予更高的评价，而不太可能对于形象不太一致的另一个替代目的地给予如此评价。

产品、服务、品牌和目的地的优势价值可以形成消费者忠诚和运营方稳健的财务表现，感知价值在目的地忠诚的形成中起着明显的作用，游客对所选目的地的积极价值的看法有可能显著影响他们对特定目的地的忠诚，感知价值也影响客户满意度以及推荐和重复购买的行为意向（Chen 等，2010）。有研究表明，旅游套餐购买后的评估对旅行社的忠诚度有有利影响。在遗产旅游情境下，自我一致性对游客的感知价值有积极影响，游客的感知价值对他们旅行的满意度有显著影响，这进而又提升了游客向其他人的推荐意向。

对于主题公园来说，个性强烈、形象鲜明、知名度高、象征性强的主题公园，当游客自我概念与主题公园个性形象一致时，可能会获得更快乐的体验，游客对主题公园将会有更高的感知价值，更高的感知价值可能会带来对主题公园更高的满意度或忠诚度。这也可以解释，拥有更强大形象的主题公园如迪士尼、环球影城的市场吸引半径更大，远方的游客尽管路途遥远、成本代价高，但其感知到的利益价值足以抵消因路途遥远带来的成本增加，终使其超越阻力，远道而来。

3."流"体验

根据 Fu 等人（2017，2020）的研究，"流"体验是一种心理状态，其特征是完全参与一项活动，排除所有其他顾虑；个人如此沉浸于快乐的体验，以至于他们愿意仅仅为了纯粹的体验而不计成本。"流"体验是一种理想的消费者体验，其特征是意识和行动的结合、注意力的集中、时间知觉的改变、自我意识的失去，以及对自己的行为和周围环境拥有控制的感觉。消费者最终可能会实现高水平的参与、完全沉浸、愉悦、挑战和技能之间的理想平衡，没有焦虑、乏味或担忧的感觉。服务业理想"流"体验状态的实现取决于商店环境的一致性和客户的控制感。换句话说，"感知行动机会"和"感知行动能力"必须处于平衡状态，才能发生"流"体验。因此，"流"体验不仅包括个人对活动的完全沉浸，还包括与服务环境的一致感，以及个人的知识、技能和体验之间的一致性。旅游娱乐业有助于实现日常生活中没有的全面参与、全面感知和非凡而激动人心的体验，为满足"流"体验提供了理想的环境。当主题公园的游客感觉到对活动的完全控制（而不仅仅是那些涉及危险和危险的活动），变得全神贯注并忘记时间时，他很可能处于"流"体验状态。

主题公园的建造是为了营造一种极其愉快的氛围，让顾客可以逃离日常生活环境。主题公园环境是一种全面参与、整体感受和令人兴奋的体验，因此，有助于保持"流"体验的状态。特别是物理环境——包括设计、设备、环境和社会因素——会影响游客的自觉体验质量。根据 Fu（2017）的研究，主题公园自我一致性对"流"体验有积极影响，"流"体验对主题公园的品牌忠诚和态度有积极影响。

4.情感联结

根据 Joo 等人（2020）的研究，情感联结的概念植根于社会学，涉及个人之间的情感联系，这些人有着共同的观点，从事着类似的行动，并相互交流。在旅游领域，当居民和游客参与互动，当他们拥有共同的价值观和行为特征时，他们更有可能建立情感联结与和谐关系。情感联结理论一开始主要局限于居民和游客之间（组间）的互动。后来，也用来探索群体内（组内）的关系，如居民对其他居民的关系，或者潜在游客与他们期望在目的地遇到的其他游客的关系。对于情感联结的测量，居民和游客之间的情感联结使用 Woosnam 和 Norman（2009）开发的情感联结量表。该量表包括 10 个项目，分为三个因素：好客秉性、同情理解和情感亲密。在研究游客之间情感联结时，对情感联结量表进行了改良。组内情感联结量表包含了组间情感联结量表的某些项目，同时还引入了 3 个新的项目，总共有 13 个项目。此外，组内情感联结量表具有独特的因素结构，由两个因素组成：社区性和公平性。社区性由 10 个项目组成，主要来源于 Woosnam 和 Norman（2009）开发的组间情感联结量表。公平性有 3 个项目，包括两个新的项目。公平性包括尊重、平等和正义等复杂的道德情感，而社区性的项目主要围绕个人之间的相似性或纽带感。每个情感联结量表在解释其他相关变量时可能具有不同的作用。情感联结是旅游背景下个人认知过程和行为模式的重要决定因素。居民对游客的情感联结与他们对旅游业的影响和发展的乐观程度成正相关。同样，游客和居民之间的情感联结与安全感、消费习惯、对旅行的满意度和对目的地的忠诚度成正相关。游客之间的情感联结对旅行意向有积极影响。

Joo 等人（2020）对韩国非军事区（韩国和朝鲜之间的边界地带，是象征两国冲突的历史区域）的研究结果表明，游客对韩国非军事区的自我一致性与他们对社区性和公平性的感知之间存在显著联系，社区性和公平性共同反映了他们对同行游客的情感联结。Joo 等人（2020）认为，尽管自我一致性和情感联结这两个概念看起来可能截然不同，但研究结果表明，它们是密切相关的，特别是在遗产或边境旅游的背景下。遗产地和边境地区具有重要的历史和情感意义，对于那些与这些地点的过去和现在缺乏个人联系（自我一致性）的人来说，这可能显得神秘莫测。游客，尤其是那些访问韩国非军事区的游客，往往会较清晰地区分，什么与自己相关（如在非军事区的这一边或者我们），什么与自己不相关（如在非军事区的那一边或者他们）。这些游客在同一个地方共存意味着他们之间存在显著的相似之处。从逻辑的角度来看，在自我一致性和情感联结维度之间建立联系是合理的。

Joo 等人（2020）发现，社区性和旅行满意度之间没有显著的相关性，唯有公平性才是有意义的贡献因素。社区性是在人们之间建立社会关系的一个基本因素。正如 Usakli 和 Baloglu（2011）所强调的那样，社区性在游客确定特定目的地的适宜性时所进行的评估过程中也发挥着至关重要的作用。此外，对其他客户的感知对消费者的整体服务体验有着重大影响。但是，意外的发现是，社区性和旅行满意度之间缺乏显著的相关性。然而，公平性对旅行者体验满意水平产生的积极影响提供了对情况的另一种解释。构成公平性的组成部分主要围绕着游客间的互惠和微妙的情感，如公平、尊重和正义。这些情感明显不同于公共性的元素，后者属于更表浅的情感联结。在某些正式的背景下，如非军事区，可以想象，情感联结的两个方面可能会产生不同方向的影响，唯留下权重更大的公平性产生的影响。

韩国非军事区的研究结果说明，像这种情感目的地，与目的地的自我一致性可以产生对他人的情感联结，但情感联结的维度在触发旅行满意度或目的地忠诚度的进一步变化方面可能起着不同的作用。自我一致性和情感联结的关系也不一定仅仅发生在像遗产地和边境地区这些具有重要的历史和情感意义的地方，对于主题公园来说，游客的自我一致性应当也会有助于产生对其他游客的情感联结，情感联结可以有深有浅，浅则如社区性，深则如公平性，深浅取决于主题公园创造的在特定情境下的游客间的互动机会或共处机会。情感联结越深，应当越有利于促进游客的旅游满意度或忠诚度提升，情感联结可以成为游客旅游体验的一部分。

5. 旅游目的地品牌刻板印象

根据 Japutra 等人（2021）的研究，刻板印象是指关于特定社会群体成员特征的信念集合。刻板印象在塑造个人的判断和行为方面发挥着重要作用，以至于个人可能会基于自己拥有的刻板印象来对待他人。品牌可以被视为深思熟虑的行动者，消费者以类似于他们对社会群体评估的方式来评估品牌。品牌作为深思熟虑行动者的概念植根于刻板印象的内容模型，其中温暖代表品牌的意向性，能力代表公司的能力（Japutra 等，2018）。温暖判断包括与慷慨、善良、诚实、真诚、乐于助人、可信赖和体贴有关的感知，能力判断涉及对信心、有效性、智力、能力、技能和竞争力的评估。众所周知，能力和热情的特点都能唤起强烈的情感联系。这两项评估是塑造品牌印象的重要因素。当一个品牌被有意定位为高温暖维度时，人们倾向于将该品牌视为具有积极属性，如慷慨、善良和乐于助人。相反，当一个品牌被认为具有高能力时，人们往往会认为该品牌具有高水平的能力，包括自信、技能和智力等特征。因此，游客通过使用刻板印象来评估目的地品牌，其方式类似于他们对个人的评估。Japutra 等人（2021）根据刻板印象内容模型，把目的地品牌刻板印象用两个维度表示，即能力和温暖。研究结果表明，理想自我一致性对旅游目的地品牌刻板印象有积极影响，旅游目的地品牌刻板印象的两个维度（能力和温暖）对目的地品牌依恋都有积极影响。

对于主题公园来说，如果把主题公园的刻板印象也分为两个维度（能力和温暖），理想自我一致性对游客对主题公园刻板印象的两个维度（能力和温暖）应当有积极影响，主题公园刻板印象的两个维度进而又能促进游客对主题公园的品牌忠诚。

6. 难忘的旅游体验

根据 Cifci（2022）的研究，客户体验在体验营销中是一个重要领域。它包括多个维度（亚体验），即感官、有效性、身体、行为和生活方式、创造性认知和社会认同。从自我一致性视角来看，考虑到积极体验在塑造旅行者自我认同方面的重要作用，可以认为，社会认同亚体验可能存在于通往主要目的地的旅程的各个阶段。另外，旅行者品牌体验的保留记忆对他们的幸福感和忠诚度具有重要意义。在客户体验领域的一些研究中，已经注意到自我一致性和旅游体验之间的明确联系（Beerli 等，2007；Hosany 和 Martin，2012；Pool 等，2018；Sirgy 和 Su，2000）。当游客参观一个重要的地方，遇到特别有意义的东西将他与一个特别的地方联结时，就会出现难忘的体验。因此，难忘的旅游体验可能是影响旅行者和他们选择的目的地之间一致性的关键因素。心理学观点认为，幻视身份理论提供了对自我表达的更好的理解，因为这一理论认为，从事有意义的体育活动能够提供一种自我表达感。考虑到难忘的旅游体验在提供有意义的与记忆关联的活动中的作用，它很可能与自我一致性有积极的关系。Cifci（2022）对土耳其哈吉贝克塔什信仰型目的地的实证研究表明，难忘的旅游体验在实际自我一致性和理想自我一致性与整体满意度和重游意愿之间的关系中发挥了完全中介作用，在实际自我一致性和理想自我一致性与目的地依恋的关系中分别发挥了部分中介作用和完全中介作用。

就主题公园而言，自我一致性应当与游客的难忘的旅游体验有积极的关系，难忘的旅游体验与游客对主题公园的满意度和忠诚度应当更有积极的联系。由于与信仰型旅游目的地不同，主题公园可以设计沉浸式和深度体验环节，或者能触动游客自我认同的情境，给游客带来难忘的旅游体验，以促进游客满意度和忠诚度的提升。

（六）变量之间的关系与研究假设

为便于实证研究，本研究结合主题公园特点和研究现状，选取自我一致性、功能一致性、旅游经历、旅游涉入、停留时间和游客忠诚度 6 个变量，在梳理变量间关系的基础上，提出研究假设。

1. 自我一致性和忠诚度

20 世纪 90 年代后，学者们发现自我一致性对消费者的购买后评价和行为产生了积极影响，如客户忠诚度（Han 和 Back，2008；Kressmann 等，2006；Shamah 等，2018）。自我一致性对以下旅游情境中游客忠诚度的积极影响已得到验证：邮轮忠诚度（Hung 和 Petrick，2011；Hung 和 Petrick，

2012）、游后目的地忠诚度（DL）（Liu 等，2012；Kim 和 Malek，2017；Pan，2017；Kim，2018；Chi，2018；Ferdinand，2021；Wu，2022；Zhou，2022）和品牌忠诚度（BL），含旅游目的地品牌忠诚度（Ekinci 等，2013；Phuong，2022）、咖啡店品牌忠诚度（Kang，2013）、旅游地产品牌忠诚度（Liu，2019）、酒店品牌忠诚度（Sop，2019）。但目前在自我一致性和主题公园游客忠诚度关系方面，只有 Fu 等人（2017）研究了自我一致性对主题公园品牌忠诚的间接影响，尚无关于自我一致性对主题公园游客忠诚度直接影响的研究。综上所述，提出以下研究假设。

H1：自我一致性对主题公园游客忠诚度具有直接正向的影响。

2. 功能一致性和忠诚度

除了那些与自我一致性效应相关的研究外，功能一致性一直是旅游忠诚度研究中的一个被低估的研究变量。在此背景下，Hung 和 Petrick（2011，2012）的研究证实了功能一致性对邮轮旅游忠诚度的积极影响。根据 Hung 和 Petrick（2012）进行的研究，当邮轮通过提供卓越的服务、广泛的餐饮选择、愉快的娱乐和其他相关服务来满足或超过游客的期望时，游客就会获得很高的功能一致性。同时，游客对邮轮功能一致性的评价也会对邮轮的忠诚度有着积极的影响。其他学者发现功能一致性积极影响消费者的购后评价和行为，包括韩国名牌咖啡店的认知忠诚度（Kang，2013）、酒店品牌忠诚度（Sop，2019）、电影游客的目的地忠诚度（Wu，2022）、红色旅游目的地忠诚度（Zhou，2022），但目前关于功能一致性对主题公园游客忠诚度直接影响的研究文献很少。根据其他旅游情境的研究结论，提出以下研究假设。

H2：功能一致性对主题公园游客忠诚度具有直接正向的影响。

3. 自我一致性和功能一致性及模型

现有的消费者行为研究已经确定，自我一致性和功能一致性都是消费者行为的可靠预测因素（Sirgy 等，1997；1999，2000）。这两个因素之所以重要，是因为它们集中在产品或品牌为消费者提供的主要利益上，即功能性利益和象征性利益（Hosany 和 Martin，2012）。自我一致性理论认为，顾客有基于其象征意义购买东西或品牌的倾向。该理论认为，消费者希望将产品或品牌的形象与自己的自我形象相一致（Sirgy，1982）。然而，功能一致性认为，客户倾向于基于其功能属性而青睐某一产品或品牌。这表明，在产品或品牌的感知功能优势与消费者期待的产品或品牌特征之间保持一致是至关重要的（Sirgy 等，1991）。与其他产品或品牌一样，旅游目的地也不能免除上述考虑因素，因为它们也为消费者提供了一系列利益，这些利益可以分为"功能性的"和"象征性的"（Hosany 和 Martin，2012）。根据 Ahn 等人（2013）的研究可以推断，游客通过考虑其功能属性及象征意义来与旅游目的地建立联系。功能优势包括一个地点的实际特征，如景区的范围、住宿标准、成本、视觉吸引力和进入的便利性（Chon 和 Olsen，1991；Echtner 和 Ritchie，1993）。因此，"旅游目的地功能一致性"的概念是指一个旅游目的地的功能特征与游客对这种功能特征的期望之间的一致性（Sirgy 和 Su，2000）。相反，象征性利益集中在旅游目的地的价值表达特征上（Beerli 等，2007；Kastenholz，2004），并源于访问一个旅游目的地的信号效应，该信号效应也就是访问一个旅游目的地给游客自我形象感知和他人对游客形象感知带来的影响（Usakli 和 Baloglu，2011）。根据 Ahn 等人（2013）的说法，"旅游目的地自我一致性"是指旅游目的地象征性特征与游客自我形象感知的一致。

Sirgy 和 Su（2000）提出了一个综合模型，揭示了自我一致性、功能一致性、调节因子和旅游行为之间的相互关系。尽管该模型没有经过实证检验，但它提供了自我一致性和功能一致性对旅游行为影响的整体观点（见图 3-5）。自我一致性和功能一致性是相辅相成的（Usakli 等，2022），将它们结合起来可以更好地解释产品偏好和选择。研究自我一致性和功能一致性之间的关系对于市场营销研究也很重要（Sirgy et al，1991；Sirgy 和 Su，2000；Xue，2008）。从表 3-6 中可知，一共有 17 篇文章研究了自我一致性和功能一致性的联合效应，以及两者之间的关系（Olsen，1991；Ekinci，2008；Hung 和 Petrick，2011；Hung 和 Petrick，2012；Kang，2013；Ahn，2013；Kumar，2014；Su 和 Reynolds，2017；Lee 等，2017；Sop，2019；Su 等，2019；Wang 等，2021；Bynum Boley 等，2022；Rao 等，2022；Usakli，2022；Wu 和 Lai，2022；Zhou 等，2022）。除了 Olsen（1991）的文章（没有模型），其他 16 篇文章模型分述如下。

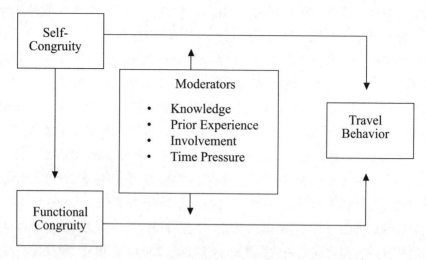

图3-5　自我一致性和功能一致性对旅游行为影响的综合模型

（来源：Sirgy 和 Su，2000）

（注释：Self-Congruity——自我一致性；Functional Congruity——功能一致性；Moderators——调节变量；Knowledge——知识；Prior Experience——以往的经历；Involvement——涉入；Time Pressure——时间压力；Travel Behavior——旅游行为）

图3-6 中的期待一致性实际上就是功能一致性。研究结果表明，理想自我一致性和期待自我一致性对消费者满意度有正向影响（Ekinci，2008）。

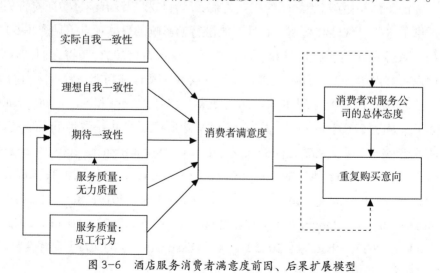

图3-6　酒店服务消费者满意度前因、后果扩展模型

（来源：Ekinci，2008）

78

Hung 和 Petrick （2011） 研究了自我一致性和功能一致性对邮轮旅游意图的影响，并建立了邮轮情境下的影响模型（见图 3-7）。研究结果表明，功能一致性受到自我一致性的积极影响。

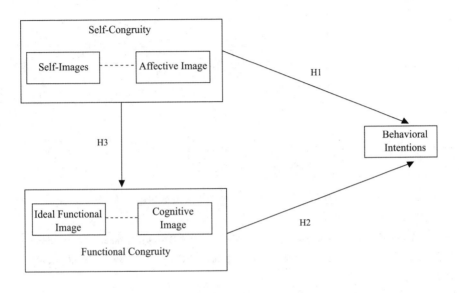

图 3-7 目的地自我一致性模型

（来源：Hung 和 Petrick，2011）

（注释：Self-Congruity——自我一致性；Self-Images——自我形象；Affective Image——情感形象；Functional Congruity——功能一致性；Ideal Functional Image——理想的功能形象；Cognitive Image——认知形象；Behavioral Intentions——行为意向）

Hung 和 Petrick（2012）探讨了自我一致性、功能一致性、感知旅行制约、制约协商和自我效能感对旅行意向的影响（见图 3-8）。所提出的模型和假设在邮轮旅游的情境下进行了测试，同样的结论是，功能一致性受到自我一致性的积极影响。

Kang（2013）运用形象一致性理论来解释韩国名牌咖啡店的顾客忠诚度。作者开发并测试了一个将形象一致性（自我一致性和功能一致性）与品牌忠诚成分（认知品牌忠诚、情感品牌忠诚和意欲品牌忠诚）联系起来的结构模型（见图 3-9）。结果表明，自我一致性对功能一致性有正向影响。

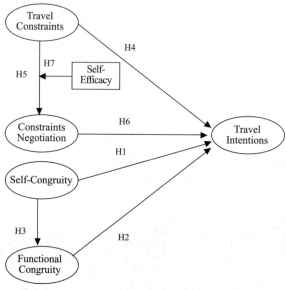

图 3-8　一致性、制约和自我效能模型

（来源：Hung 和 Petrick，2012）

（注释：Travel Constraints——旅行制约；Self-Efficacy——自我效能感；Constraints Negotiation——制约协商；Self-Congruity——自我一致性；Functional Congruity——功能一致性；Travel Intention——旅行意图）

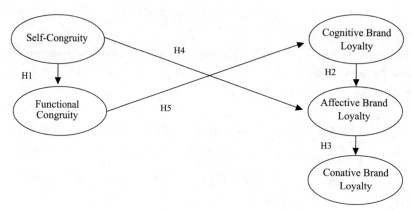

图 3-9　形象一致性与品牌忠诚度关系模型

（来源：Kang，2013）

（注释：Self-Congruity——自我一致性；Functional Congruity——功能一致性；Cognitive Brand loyalty——认知品牌忠诚；Affective Brand Loyalty——情感品牌忠诚；Conative Brand Loyalty——意欲品牌忠诚）

Ahn(2013)研究了自我一致性和功能一致性对游客目的地选择的影响(见图 3-10)。研究结果表明,游客的目的地选择受功能一致性的强烈影响,而不受自我一致性的影响。这表明,功能一致性比自我一致性更能预测游客的目的地选择。

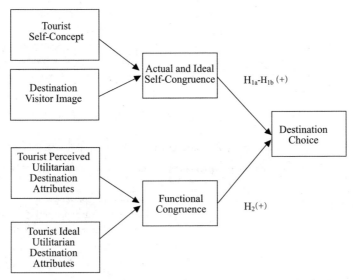

图 3-10　目的地选择预测中的自我一致性和功能一致性概念模型

(来源:Ahn,2013)

(注释:Tourist Self-Concept——旅游者自我概念;Destination Visitor Image——目的地游客形象;Actual and Ideal Self-congruence——实际和理想自我一致性;Tourist Perceived Utilitarian Destination Attributes——游客感知到的目的地实用属性;Tourist Ideal Utilitarian Destination Attributes——游客理想中的目的地实用属性;Functional Congruence——功能一致性;Destination Choice——目的地选择)

Kumar(2014)研究了旅游目的地情境中自我一致性、功能一致性、目的地满意度、目的地依恋和目的地忠诚度之间的关系。与之前的研究相反,功能一致性没有显示出与目的地满意度的任何关系。这一发现可能是因为研究中考虑的目的地没有充分突出功能属性,从而唤起该地作为度假目的地的功能意义。此外,研究显示,自我一致性是功能一致性的重要预测因子(见图 3-11)。

Su 和 Reynolds(2017)在不同酒店品牌情境下的研究表明,商务旅行者比休闲旅行者更有可能看重功能一致性,而自我形象一致性对休闲旅行者来说比商务旅行者更重要。然而,在功能一致性和自我形象一致性之间没有发现直接的联系(见图 3-12)。

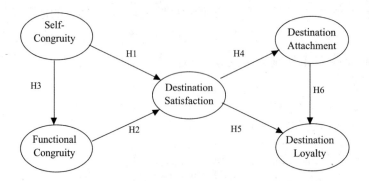

图 3-11 自我一致性、功能一致性与游客游后行为模型

（来源：Kumar，2014）

（注释：Self-Congruity——自我一致性；Functional Congruity——功能一致性；Destination Satisfaction——目的地满意度；Destination Attachment——目的地依恋；Destination Loyalty——目的地忠诚度）

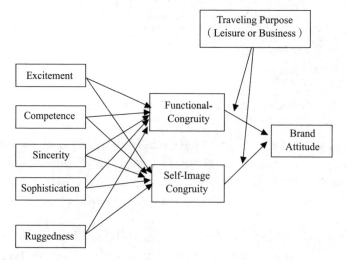

图 3-12 品牌个性、自我一致性、功能一致性与酒店品牌态度模型

（来源：Su 和 Reynolds，2017）

[注释：Excitement——刺激；Competence——能力；Sincerity——纯真；Sophistication——高雅；Ruggedness——粗犷；Functional Congruity——功能一致性；Self-Congruity——自我一致性；Traveling Purpose（Leisure or Business）——旅游目的（休闲或商务）；Brand Attitude——品牌态度]

　　Lee 等（2017）研究了航空休息室情境中的品牌人格、自我一致性、功能一致性、积极情绪、消费者满意度和重游意向之间的关系（见图 3-13）。结果表明，自我一致性与功能一致性显著相关。

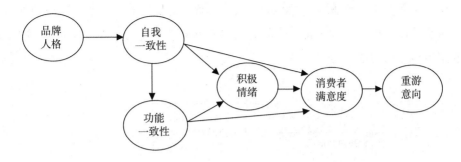

图 3-13　品牌人格、形象一致性与重游意向模型

（来源：Lee 等，2017）

　　Sop（2019）研究了品牌人格、自我一致性和功能一致性对酒店品牌忠诚度的影响（见图 3-14）。自我一致性对功能一致性的积极影响获得证实，研究结果还证明，功能一致性对酒店品牌忠诚度的影响大于自我一致性。

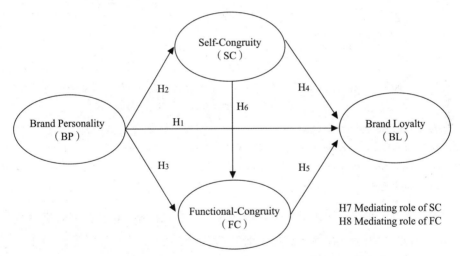

图 3-14　品牌个性、自我一致性、功能一致性与酒店品牌忠诚度模型

（来源：Sop，2019）

［注释：Self-Congruity（SC）——自我一致性；Functional Congruity（FC）——功能一致性；Brand Personality（BP）——品牌人格；Brand Loyalty——品牌忠诚度］

　　Su 等人（2019）的研究结果表明，消费者在选择酒店品牌时，要在功能一致性和自我形象一致性之间保持平衡。消费者打破平衡的方式与他们对酒

店品牌消费在社会上的可见或不可见程度有关。功能一致性通常比自我形象一致性对消费者对品牌态度的影响更大。然而，自我形象一致性的影响随着酒店消费的社会可见性而增加，这种增加在高价酒店中尤为显著，但在低价酒店中则不然（见图3-15）。

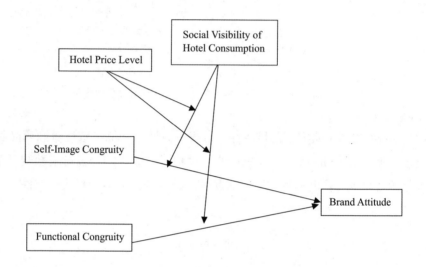

图3-15　不同价格水平酒店消费社会可见度调节效应下自我一致性、功能一致性与酒店
品牌态度模型

（来源：Su 等，2019）

（注释：Self-Image Congruity——自我形象一致性；Functional Congruity——功能一致性；Social Visibility of Hotel Consumption——酒店消费的社会可见性；Hotel Price Level——酒店价格等级；Brand Attitude——品牌态度）

Wang 等（2021）构建了一个客栈客人忠诚概念框架，包括消费者满意度、自我一致性、功能一致性、感知价值和替代产品的吸引力等（见图3-16）。结果表明，自我一致性显著影响功能一致性。

Bynum Boley 等（2022）研究比较了功能一致性和自我一致性对入住特许经营酒店和入住独立经营酒店意向的影响（见图3-17）。结果表明，选择特许经营酒店和独立经营酒店的决定受到功能一致性和自我一致性的影响。然而，与特许经营酒店相比，独立经营酒店的自我一致性对入住可能性的影响更大。

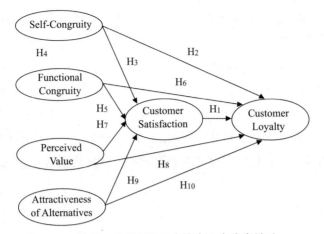

图 3-16 基于一致性视角的客栈客人忠诚度模型

（来源：Wang 等，2021）

（注释：Self-Congruity——自我一致性；Functional Congruity——功能一致性；Perceived Value——感知价值；Attractiveness of Alternatives——替代产品的吸引力；Customer Satisfaction——消费者满意度；Customer Loyalty——消费者忠诚度）

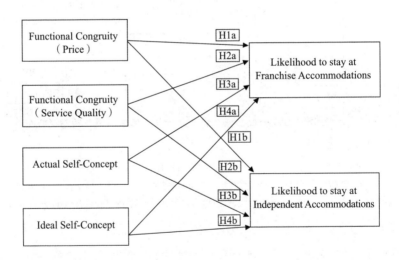

图 3-17 功能一致性与自我一致性待测模型

（来源：Bynum Boley 等，2022）

（注释：Functional Congruity（Price）——功能一致性（价格）；Functional Congruity（Service Quality）——功能一致性（服务质量）；Actual Self-Concept——实际自我概念；Ideal Self-Concept——理想自我概念；Likelihood to stay at Franchise Accommodations——入住特许经营酒店的可能性；Likelihood to stay at Independent Accommodations——入住独立经营酒店的可能性）

Rao 等（2022）运用计划行为理论（TPB）和自我一致性理论，研究解释游客亲环境行为意向（TPEBI）的形成。考虑到理性和价值表达因素，该研究扩展了自我一致性理论在 TPEBI 研究中的适用性。结果表明，自我一致性对功能一致性有积极影响，功能一致性对自我一致性和 TPEBI 之间的关系具有部分中介作用。具体而言，游客对自我概念（形象）和目的地形象之间的一致性有感知，从而产生了对目的地的积极态度，这进一步促进了积极的行为意图。因此，该研究支持了这样一种观点，即两种类型的一致性（自我一致性和功能一致性）的结合可以以更稳定和有效的方式解释游客行为意图的形成（见图 3-18）。

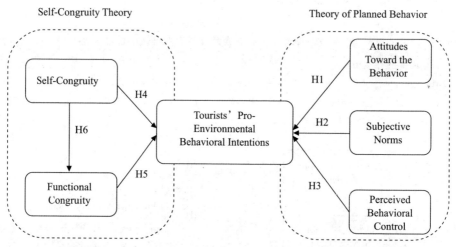

图 3-18　自我一致性、功能一致性与游客亲环境行为意向模型

（来源：Rao 等，2022）

（注释：Self-Congruity Theory——自我一致性理论；Self-Congruity——自我一致性；Functional Congruity——功能一致性；Tourist' Pro-Environmental Behavioral Intentions——游客亲环境行为意向；Theory of Planned Behavior——计划行为理论；Attitudes Toward the Behavior——对行为的态度；Subjective Norms——主观标准；Perceived Behavioral Control——感知行为控制）

Usakli（2022）通过验证自我一致性的高阶维度私人自我一致性和公共自我一致性阐释旅游目的地背景下自我一致性、功能一致性和地方依恋之间的关系。该研究通过测量目的地私人自我一致性、目的地公共自我一致性、目的地功能一致性和目的地依恋，建立了一个高阶结构模型（见图 3-19）。与认为功能一致性比自我一致性更强烈地影响消费者行为的文献相反，该研究提供证据证明，目的地自我一致性和目的地功能一致性在预测目的地依恋方面

都大致同等重要。此外,目的地私人自我一致性和公共自我一致性都对目的地功能一致性产生了积极影响,支持了"自我一致性对功能一致性的偏见效应";目的地功能一致性部分中介了目的地私人自我一致性和公共自我一致性对目的地依恋的效应。

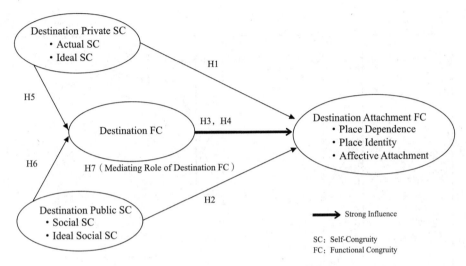

图3-19　自我一致性、功能一致性与目的地依恋模型

(来源:Usakli,2022)

(注释:Destination Private SC——目的地私人自我一致性;Actual SC——实际自我一致性;Ideal SC——理想自我一致性;Destination Public SC——目的地公共自我一致性;Social SC——社会自我一致性;Ideal Social SC——理想社会自我一致性;Destination FC——目的地功能一致性;Destination Attachment——目的地依恋;Place Dependence——地方依赖;Place Identity——地方认同;Affective Attachment——情感依恋)

　　Wu 和 Lai(2022)研究探讨了目的地人格的四个维度(刺激、纯真、能力和双性同体)对象征一致性(自我一致性)和功能一致性的影响,并进一步检验电影旅游背景下象征一致性与功能一致性对目的地忠诚度的影响(见图3-20)。研究结果表明,象征一致性对功能一致性有显著影响。研究结果还表明,与功能一致性相比,象征一致性对电影游客目的地忠诚度的影响更大。这一结果与先前的研究相矛盾,先前的研究认为,在塑造游客行为方面,功能一致性比自我一致性(象征一致性)有更大的影响(Ahn 等,2013),或者自我一致性和功能一致性对游客的目的地依恋有类似的影响(Usakli 等,2022)。

一种可能的解释是，电影旅游的潜在驱动力是象征性体验的消费。Kim（2011）指出，电影游客试图通过用相机和眼睛确认电影的标志性部分，在电影旅游目的地体验他们对电影的强烈依恋。此外，电影游客更重视情感属性，而不是功能属性，因为越来越多的目的地具有类似的功能属性。

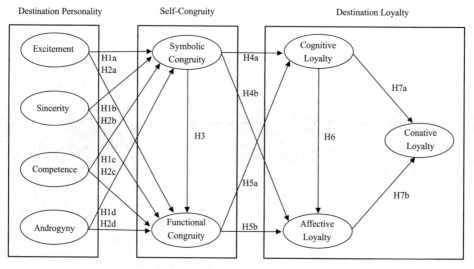

图 3-20 目的地人格、自我一致性、功能一致性与电影游客目的地忠诚度模型

（来源：Wu 和 Lai，2022）

（注释：Destination Personality——目的地人格；Excitement——刺激；Sincerity——纯真；Competence——能力；Androgyny——双性同体；Self-Congruity——自我一致性；Symbolic Congruity——象征一致性；Functional Congruity——功能一致性；Destination Loyalty——目的地忠诚度；Cognitive Loyalty——认知忠诚度；Affective Loyalty——情感忠诚度；Conative Loyalty——意欲忠诚度）

Zhou 等（2022）研究探讨了自我一致性和功能一致性对中国热门红色旅游目的地韶山市游客满意度（TS）和目的地忠诚度（DL）的影响。研究结果表明，红色游客的自我一致性比其他游客解释了更高的功能一致性的变化。此外，自我一致性对游客满意度的影响与功能一致性相同，对目的地忠诚度的影响大于功能一致性（见图 3-21）。

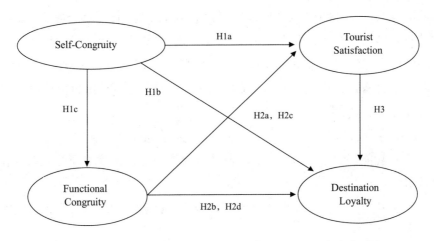

图 3-21 自我一致性、功能一致性与红色旅游目的地忠诚度模型

（来源：Zhou 等，2022）

（注释：Self-Congruity——自我一致性；Functional Congruity——功能一致性；Tourist Satisfaction——游客满意度；Destination Loyalty——目的地忠诚度）

综上所述，有些研究认为，功能一致性对游客行为的影响大于自我一致的影响（Chon 和 Olsen，1991；Ahn，2013；Sop，2019）。然而，Su 和 Reynolds（2017）的研究发现，与商务旅行者相比，自我一致性对休闲旅行者的影响更大。Su 等人（2019）的研究发现表明，酒店消费社会可见度越大，自我一致性的影响就越大；独立经营的酒店的自我一致性比特许经营的酒店自我一致性对客人入住可能性的影响更大（Bynum Boley 等，2022）；目的地私人自我一致性、目的地公共自我一致性和目的地功能自我一致性在预测目的地依恋方面几乎同样重要（Usakli，2022）；在电影旅游背景下，自我一致性对电影游客目的地忠诚度的影响高于功能一致性（Wu 和 Lai，2022）；在中国热门红色旅游目的地韶山市，自我一致性对游客满意度（TS）的影响与功能一致性相同，对旅游目的地忠诚度（DL）的影响大于功能一致性（Zhou 等，2022）。这些结果表明，自我一致性和功能一致性对游客行为影响的相对权重也可能取决于特定的背景和不同的调节因子。根据详尽可能性模型（ELM）、抽象认知图式和具体认知图式、心理动力学与心理理论，自我一致性对功能一致性有偏见效应。Hung 和 Petrick（2011，2012）是最早为旅游业中的自我一致性对功能一致性偏见效应提供实证支持的人。随后，大多数研究结果支持此种偏见效应。

Usakli（2022）还得出了功能一致性部分中介自我一致性与目的地依恋之间关系的研究结论，Rao（2022）得出了功能一致性部分中介自我一致性与游客亲环境行为意向之间关系的研究结论。因为目前缺乏自我一致性和功能一致性对主题公园游客忠诚度的综合影响研究，参照上述其他旅游情境研究结论并结合主题公园情境特点，提出以下研究假设。

H3：主题公园自我一致性对功能一致性有直接正向的影响。

H4：功能一致性对自我一致性与主题公园游客忠诚度之间的关系具有中介作用。

H5：功能一致性对主题公园游客忠诚度直接正向的影响大于自我一致性的影响。

4. 变量的调节作用

（1）旅游经历的调节作用。

Beerli（2007）的研究发现，一旦一个人已经体验过旅游目的地，其自我一致性对目的地选择的决定作用就会减轻或消失。Kang（2012）对韩国名牌咖啡店的研究结果表明，功能一致性对有经验的客户态度的影响比对经验较少客户的影响更大。Liu 等（2012）的研究发现，休闲农场首次游客的自我一致性对其忠诚度的影响明显强于回头客。但是，Phuong 等人（2022）的研究结果表明，自我一致性对旅游目的地首次游客品牌忠诚度影响并不比回头游客强。Liu 等的研究情境是休闲农场，调查问卷的发放地点是休闲农场的入口，这种情况下调查的所谓首次游客实际上游玩并未开始，游客并没有游玩经历，而本研究的问卷是线上发放，调查的首次游客已经有了第一次游玩经历。没有游玩经历和有游玩经历的游客之间存在差异显著。没有游玩经历的首次游客，由于对目的地不熟悉，只能更多依赖自我一致性，功能一致性的影响较弱，但是在首次游玩之后，如果再次到访，由于对目的地已经比较熟悉，自我一致性的影响将相对减弱，功能一致性的影响将相对增强。但在有游玩经历的首游游客和回头客之间，其自我一致性和功能一致性影响的差异并不明显，除非旅游目的地质量显著提升或下降。这一点可以通过对 Phuong 等人（2022）的观点推论得到支持。据此，提出以下研究假设。

H6a：自我一致性对主题公园回头游客忠诚度的影响与对首次游客的影响

无差异。

H6b：功能一致性对主题公园回头游客忠诚度的影响与对首次游客的影响无差异。

（2）旅游涉入的调节作用。

在 Beerli（2007）进行的一项研究中，研究结果表明，游客涉入休闲旅游的程度越高，自我一致性预测目的地选择的作用就越大。Wang 和 Wu（2011）的一项对博物馆游客的研究证实，正向的不确认（也即博物馆的服务表现超出访客的预期，是高度的功能一致性）对重访意愿的影响随着涉入程度的增加而减弱，自我一致性对重访意愿的影响随着涉入程度的增加而变得更大。在 Pratt 和 Sparks（2014）进行的一项研究中，研究者发现，与对葡萄酒兴趣（也即涉入）较低的人相比，对葡萄酒表现出强烈兴趣的人更容易受到对目的地的情感感知以及他们的自我形象与目的地的一致性的影响。Huaman Ramirez 在 2021 年进行的研究表明，自我一致性对一个人对目的地态度的影响取决于他们对旅游业的涉入程度。Kressmann（2006）在对汽车的研究中发现，汽车车主自我一致性对功能一致性的偏见效应在高涉入的情况下更显著。参考以上研究结果，提出以下研究假设。

H7a：自我一致性对主题公园高涉入游客忠诚度的影响大于对低涉入游客的影响。

H7b：功能一致性对主题公园高涉入游客忠诚度的影响小于对低涉入游客的影响。

H7c：自我一致性对主题公园高涉入游客功能一致性的影响大于对低涉入游客的影响。

H7d：旅游涉入对功能一致性在自我一致性与主题公园游客忠诚度之间的关系具有中介调节作用。

（3）停留时间（过夜/不过夜）的调节作用。

Milman 和 Tasci（2017）的研究结果表明，游客在主题公园目的地过夜是他们重游可能性（忠诚度）的主要驱动因素之一。对于过夜的游客来说，对主题公园情感或象征性的感知可能对其产生更大的影响，自我一致性对游客忠诚度所起的作用较大。

随着对主题公园的需求持续上升，主题公园面临着来自其他娱乐企业的更大竞争。因此，它们将具有互补性的休闲和酒店业纳入体验产品中，以扩大其市场份额并产生额外的经济效益（Clavé，2007；Milman 等，2012）。对于主题公园来说，配备住宿、形成综合体并过渡到终极旅游目的地是一种趋势。因此，本研究将停留时间（过夜/不过夜）作为一个调节变量，提出以下假设。

H8：自我一致性对主题公园过夜游客忠诚度的影响大于对不过夜游客的影响。

四、理论比较

（一）其他客户忠诚度理论

1.品牌形象理论

在品牌研究领域，Aaker（1995）提出，品牌形象是品牌联想的一个子集，反映了人们心目中对品牌的理解，反映了品牌个性，代表了消费者对品牌的感受、想法和期望。目的地形象是指个人对一个地方或地方经历的视觉和心理印象（Afshardoost 和 Eshaghi，2020）。目的地形象是游客根据目的地向游客提供的所有信息对目的地形成和保持的总体印象（Kim 等，2018）。学术界已经证实，旅行者对目的地形象的感知在他们的目的地选择与决策、旅行后评估以及未来旅游行为中扮演着重要作用（Eid 等，2019；Papadimitriou 等，2015）。了解游客对特定目的地形象的感知可以增强预测游客忠诚度的能力。可以推断，对目的地持积极看法的游客更倾向于重复访问或向他人推荐。一些研究发现了目的地形象与游客忠诚度之间存在直接关系（Afshardoost 和 Eshaghi，2020；Nam 等，2022；Zhang 等，2014），一些研究发现了目的地形象与游客忠诚度之间的间接关系（Chen 和 Phou，2013；Chi 和 Qu，2008），还有一些研究报告称，目的地形象对游客忠诚度既有直接影响，也有间接影响（Zhang 等，2014）。

2.满意度理论

满意度可以定义为消费者对他们最初的期望与他们所消费的产品或服务的实际表现之间的差距进行的评估（Oliver，1999）。满意度在产生有利的消费者购后行为方面的重要性已在学术文献中得到广泛证明，客户满意度始终与客户重复购买意愿和忠诚度相关（James Zboja，2016）。为了保持客户忠诚度，企业必须努力满足客户的需求和期望。

在旅游领域，旅行体验的满意度在培养目的地的忠诚度方面发挥着重要的作用。游客对特定目的地的忠诚度可以通过他们表达的重新访问目的地的意图和向他人推广目的地的倾向来衡量（Oppermann，2000）。游客与旅游景区提供的服务、产品和其他便利设施的良好接触有可能令他们产生回访意向，并向他们的熟人和家人进行积极的口碑推荐。旅游者满意度在决定旅游目的地或景区的成功方面发挥着至关重要的作用，使其成为一项重要的战略统计数据。旅游领域的各种研究也表明，游客满意度在影响他们重游某个地方或景区的倾向方面发挥着重要的作用（Fotiadis，2016；Tichaawa 和 Idahosa，2020；Wang 等，2020）。

在旅游文献中，学者们运用各种观点和理论对游客满意度进行了评价。大多数评估消费者满意度的研究采用了期望/不一致模型（Chatterjee 等，2023；Chon，1989；Omo-Obas 和 Anning Dorson，2022）、标准（White，2014）、感知整体表现（Tse，1988）、公平（Oliver，1989；Tichaawa 和 Idahosa，2020）等。

3. 服务质量理论

服务质量的主题在服务营销的文献中得到了广泛的研究。竞争力、客户满意度和忠诚度之间的关系在学术文献中得到了广泛认可（Chan 等，2019；Gopal Vasanthi 等，2023；Kachwala 等，2018；Lari 等，2020；Prentice，2013）。Storbacka 提出的完整框架建立了服务质量、客户满意度、客户保留率和公司盈利能力之间的联系。其所提出的关系链理论认为服务质量的提高会导致客户满意度的提高，进而影响客户忠诚度，并最终影响公司收入（Heskett 等，1994）。由于服务的独特属性，即无形性、异质性、不可分割性和易逝性，服务质量的概念一直被视为一个抽象而难以捉摸的概念。虽然服务质量对企业盈利能力至关重要，但在其定义和衡量方面却面临挑战（Parasuraman 等，1991，1988）。客户对公司服务的评价往往是基于他们对该服务独特特征的印象，从而作为衡量服务质量的一种手段。已经有研究考量了这些视角，并制定了服务质量的衡量标准。一个著名的测量标准是SERVQUAL，由Parasuraman等人于1988年推出。该标准建立在一个被称为间隙理论的理论框架之上，已在服务营销和管理文献中被广泛引用。该理论假设，客户对公司服务表现的期望（用22个项目衡量）与他们对公司实际表现的感知（也用22个因素衡量）之间存在差异。Tsang等人（2012）对SERVQUAL模型进行了修改，创建了THEMEQUAL模型，用于评估主题公园背景下游客感知的服务质量与预期服务质量之间的差异。

（二）理论比较

1. 自我一致性理论与品牌形象理论的比较

自我一致性理论的概念包括心理过程和结果，其中消费者将自己对品牌个性或品牌用户形象的感知与他们自己的实际、理想、社会或理想社会自我概念进行比较（Sirgy，2018）。该理论认为，品牌形象和消费者自我概念之间更强的一致性对消费行为和后续结果具有有利影响，包括客户忠诚度、品牌信任和良好的口碑传播（Sirgy，2019）。根据Sirgy（2000）提出的自我一致性模型，个体的自我概念或自我形象与目的地的形象之间的一致性水平与其旅游行为之间存在正相关。自我一致性与品牌形象和消费者自我形象都有联系，是品牌形象与消费者自我形象之间的桥梁。消费者对品牌、产品和商店形象的感知被认为是探索消费者行为的重要变量；同时，研究人员还认为，消费者自我形象与产品、品牌或商店形象之间的相关性更为重要，消费者的购买决策往往受到自我形象的影响（Sirgy，1985）。

2. 功能一致性理论与服务质量理论的比较

功能一致性被定义为"品牌的实用属性（性能）与消费者期望或与其相关的评估标准之间的匹配"（Su和Reynolds，2017）。功能一致性与服务质量和消费者期望有关，是服务质量和消费期望之间的桥梁。尽管服务质量被认为是探索消费者行为的一个重要变量，但服务质量与消费者期望之间的相关性更为重要，消费者的购买决策往往受到消费者期望的影响。

3. 功能一致性理论与满意度理论的比较

满意度和功能一致性可能被错误地混为一谈。不一致范式，也称为期望 - 不一致模型，最初由 Oliver 于 1977 年提出，历史上一直被用作评估消费者满意度的手段。基于这一理论框架，个人在购买之前会对特定的产品或服务形成先入为主的观念。然后，他们将对产品或服务的实际感知与提前确立的预期进行比较。功能一致性和满意度是不同的理论，可以从三个关键方面加以区分。首先，功能一致性中的期望是一种规范性期望，而满意度中的期望是一种预测性期望。其次，需要注意的是，满意度包括认知和情感两个维度。然而，功能一致性主要关注理解消费者期望和感知的认知成分，而不是情感成分。最后，值得注意的是，相较于广泛采用的总体满意度，现有功能一致性研究在方法论上更倾向于基于项目的逐项评估模式（Wang 等，2018）。

第四章
研究方法

一、模型构建

基于上文中提出的研究假设,构建理论模型(见图 4-1)。该模型将自我一致性、功能一致性、旅游经历、旅游涉入、停留时间和主题公园游客忠诚度联系起来,自我一致性是一个自变量,主题公园游客忠诚度是一个因变量,功能一致性是一个中介变量,相对于主题公园游客忠诚度来说,功能一致性同时又是一个自变量,旅游经历、旅游涉入、停留时间是三个调节变量。联结变量之间关系的是上文中提到的 12 个研究假设:

H1:自我一致性对主题公园游客忠诚度有直接正向的影响。

H2:功能一致性对主题公园游客忠诚度有直接正向的影响。

H3:主题公园自我一致性对功能一致性有直接正向的影响。

H4:功能一致性对自我一致性与主题公园游客忠诚度之间的关系有中介作用。

H5:功能一致性对主题公园游客忠诚度直接正向的影响大于自我一致性的影响。

H6a:自我一致性对主题公园回头游客忠诚度的影响与对首次游客的影响无差异。

H6b：功能一致性对主题公园回头游客忠诚度的影响与对首次游客的影响无差异。

H7a：自我一致性对主题公园高涉入游客忠诚度的影响大于对低涉入游客的影响。

H7b：功能一致性对主题公园高涉入游客忠诚度的影响小于对低涉入游客的影响。

H7c：自我一致性对主题公园高涉入游客功能一致性的影响大于对低涉入游客的影响。

H7d：旅游涉入对功能一致性在自我一致性与主题公园游客忠诚度之间的关系具有中介调节作用。

H8：自我一致性对主题公园过夜游客忠诚度的影响大于对不过夜游客的影响。

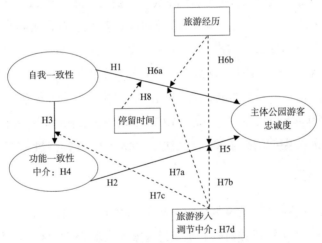

图 4-1　自我一致性和功能一致性对主题公园游客忠诚度影响理论模型

（来源：作者自绘）

二、研究地点与研究设计

（一）研究地点

本研究选取无锡有代表性的四大主题公园作为研究地点并设计问题，进行变量测量、样本采样。无锡是华东地区主题公园代表性城市之一，距离上海市有 2 小时车程。由于地理位置优越，无锡主题公园相对多样、集中，有无锡融创乐园、CCTV 无锡外景基地、无锡灵山景区、无锡拈花湾四大主题公园。

1. 无锡融创乐园

无锡融创乐园位于无锡市滨湖区缘溪道与具区路交会处，占地面积 57 万平方米，于 2019 年 6 月 29 日正式开园，以江南传统文化为主题，分为运河人家、泡泡泉小镇、霞客神旅、蒸汽时代、田园欢歌、冒险港湾六大主题园区。融创乐园为游乐园，2022 年游客接待量 50 万人次。

2.CCTV 无锡外景基地

CCTV 无锡外景基地位于无锡太湖之滨，占地 100 多万平方米，建立于 1987 年，是中国规划建设最早的影视拍摄基地，为首批国家 5A 级旅游景区。CCTV 无锡外景基地由三国城、水浒城、唐城三大景点组成，分别为拍摄电视剧《三国演义》《水浒传》《唐明皇》而建。基地重点发展特色影视文化旅游项目，拥有一批反映中国秦、汉、唐、宋建筑风格的古色古香的建筑群。基地还有明、清、民国时期的影视场景，如老北京四合院、民国码头和街道等。多年来，它接待了多个影视摄制组，包括《三国演义》《水浒传》《那年花开月正圆》《大明宫词》和《梦华录》等。CCTV 无锡外景基地是一座表演型主题公园，疫情前游客年接待量约 200 万人次，2022 年游客接待量 20 万人次。

3. 无锡灵山景区

无锡灵山景区位于无锡市马山半岛太湖之滨小灵山东麓，占地面积约 30 万平方米，于 1997 年正式对外开放，为国家 5A 级旅游景区、世界佛教论坛永久性会址。无锡灵山景区由灵山大佛、九龙灌浴、梵宫、五印坛城等景点组成，集湖光山色、园林广场、佛教文化和历史知识于一体。无锡灵山景区是一座历史文化观光型主题公园，疫情前年游客接待量约 200 万人次，2022 年游客接待量 90 万人次。

4. 无锡拈花湾

无锡拈花湾位于无锡马山半岛太湖之滨，占地面积约 160 万平方米，是一座以禅文化为主题，集餐饮、购物、住宿、娱乐于一体的著名主题公园。拈花湾同时也是一个集自然、人文、生活方式于一体的旅游度假胜地。它追求给予身心灵独特体验的人文关怀，使人们开启"精神度假"，创造"心灵度假"的休闲旅游新模式。景区整体建筑风格以唐风、宋韵为主，也融合了中国江南小镇的独特魅力，为游客创造一种朦胧而美丽的禅意体验。景区内的一砖一瓦、土墙、篱笆、石头甚至苔藓处处凝聚着"禅意"，集空灵禅意、艺术质感、自然美感和生活功能感于一体。此外，景区还有丰富的活动表演，借助现代数字多媒体技术和舞台表演艺术，开创了观演融合、文旅融合的新模式，营造出恢宏、诗意、空灵的表演意境，生动诠释了禅的渊源和精神内涵。拈花湾于2015年建成开园，是一个综合性的度假主题公园，疫情前游客年接待量250万~300万人次，2022年游客接待量140万人次。

（二）研究设计

1. 研究方法

本研究旨在客观、具体地分析自我一致性、功能一致性、旅游经历、旅游涉入、停留时间、主题公园游客忠诚度等变量之间的关系。根据之前的文献，这些变量是可量化的。本研究以无锡四大主题公园作为研究地点，无锡四大主题公园每年吸引数百万游客，样本量大。作者从事旅游管理专业课程教学多年，培养了大批学生，并与无锡当地旅游企业建立了密切联系，在研究的过程中可以得到他们的协助，以收集到足够的样本。因此，本研究采用定量研究方法。

2. 研究路径

本研究为因果关系分析研究和定量研究，因此采用演绎法（Bougie，2016）的研究路径。演绎法侧重于根据先前公认的理论提出假设，然后制订研究计划来验证假设（Wilson，2010）。通过使用收集到的定量数据对假设进行检验，解释变量之间的因果关系。第一，确定主题公园存在的问题。第二，基于存在的问题，通过文献研究和实践研究提出研究课题。挖掘现有文献中存在的研究缺口（research gap），为填补研究缺口、解决主题公园存在的问题，制定研究目标，提出研究问题。第三，根据研究缺口提出研究假设，建立自我一致性、功能一致性、旅游经历、旅游涉入、停留时间、主题公园游客忠诚度变量之间关系的理论模型。第四，对变量进行操作性定义，以进行假设检验。第五，依次进行数据收集、数据分析和数据解释（Bougie，2016）。

3. 研究范式

本研究采用实证主义研究范式，作者根据演绎法的七个步骤开展研究。在文献研究的基础上提出研究假设，建立理论模型，以假设检验为研究核心，设计问卷收集数据，并使用 SPSS 和 AMOS 软件进行数据分析，得出真实可靠的结论，以确保研究的严谨性和可复制性，同时便于研究结论的推广。

4. 分析单位

本研究是对主题公园游客的心理和旅游行为进行研究，因此分析单位是主题公园的个体游客。数据从个体游客那里收集，每位游客都是一个独立的数据来源。

5. 时间范围

本研究为横向研究，问卷发放时间从 2024 年 5 月到 8 月，数据只收集一次。

三、抽样设计过程

（1）研究人群。本研究人群包括在过去 12 个月内去过无锡融创乐园、CCTV 无锡外景基地、无锡灵山风景区、无锡拈花湾四大主题公园中至少一个的所有国内游客，年龄在 18 周岁以上。

（2）抽样设计。由于本次调查需要一定规模的重游游客，但无锡四大主题公园的重游率较低，特别是对于来自无锡以外其他地方的游客来说，重游游客较难找到。因此，样本选择采用方便抽样和滚雪球抽样相结合的技术，方便抽样和滚雪球抽样属于非概率抽样。抽样调查在 2024 年 5 月至 8 月通过在线问卷进行。

（3）样本量。根据 Barrett（2007）的说法，对于 CFA 和 SEM 的分析，

样本量不应小于200名受访者。根据 Hair 等人（2006）的研究，150~400 份的样本量足以用于检验研究假设的 SEM 分析。因此，本研究的样本量拟在 350~400 份，考虑到删除部分无效问卷，将收集 500~600 份问卷。

四、变量测量、问卷设计及预调查

（一）变量测量

1. 自我一致性测量

自我一致性的操作性定义是"目的地游客形象与游客自我概念（包括实际自我形象、理想自我形象、社会自我形象和理想社会自我形象）之间的匹配"（Sirgy，2020）。这里的"目的地游客形象"指经常访问特定旅游目的地的人的典型形象，也称"目的地典型游客形象"（Sirgy，2020）。自我一致性主要有两种测量方法：传统方法和新方法（Sirgy 等，1997）。由于传统方法的缺陷（差异分数的使用、不相关形象的潜在使用以及补偿决策规则的使用）（Sirgy 等，1997），本研究采用 Chon（1991，1992）创建的新方法，该方法由 Sirgy 及其同事（1997，2000）进一步完善，主要用于旅游研究领域（Usakli 和 Baloglu，2011；Sop，2020；Boley，2022；Zhou，2022；Huaman Ramirez，2023；Nguyen，2023；Guo，2023），能直接整体地对自我一致性进行测量，其对预测性的促进效果和对测量误差敏感性的降低效果已得到证实（Sirgy 等，1997）。Sirgy 和 Su（2000）提出该方法由两个步骤组成。在最初阶段，受调查对象被提示在脑海中想象旅游目的地的典型游客，思考旅游目的地典型游客的形象或人格特征，并提供一个或多个人格形容词来描述典型游客。这是基于消费者行为文献中的理论概念，即自我一致性涉及将消费者的自我形象与产品或品牌的形象相一致（Sirgy 等，1991，1997；Sirgy 和 Su，2000）。随后，在第二阶段，受调查对象被提示评估上述典型游客的形象与他们自己的自我形象之间的一致性。受调查对象通过被指示为一组预先确定的陈述句打分，识别目的地典型游客形象与其自我形象之间的一致性或差异程度。

自我一致性包括实际自我一致性、理想自我一致性、社会自我一致性和理想社会自我一致性四个维度，但在本研究中，只将自我一致性分为实际自我一致性和理想自我一致性,因为过去大量的研究已经对这两个维度的有效性提供了最有力的实证支持,并且有学者认为社会自我一致性和理想社会自我一致性与实际自我一致性和理想自我一致性高度相关(Beerli 等,2007)。实际自我一致性指典型游客和游客如何看待自己之间的匹配,理想自我一致性指典型游客和游客希望看到自己的样子之间的匹配(Sirgy 和 Su,2000)。类似于 Sirgy 和 Su(2000)最初应用于旅游情境的自我一致性评估,受调查对象被提示想象他最近去过的无锡四大主题公园之一(提供无锡四大主题公园的名称供选择),以对他的该主题公园自我一致性进行测量。每个维度使用三个陈述句进行评估,两个维度一共六个陈述句。陈述句取自于 Boley(2022)进行的自我一致性研究。

受调查对象被指示:

思考一下 ×××(主题公园名称),考虑一下光顾这里的通常是什么样的人(也即典型游客),然后用至少三个人格形容词(例如,快乐的、小清新、热爱文艺的,等等)来描述这类人。完成后,选择是否同意以下内容。

"×××(主题公园名称)的典型游客,与我眼中的自己是同一类型的人"(实际自我一致性 1)。

"×××(主题公园名称)的典型游客,反映了我是什么样的人"(实际自我一致性 2)。

"×××(主题公园名称)的典型游客,和我相似"(实际自我一致性 3)。

"×××(主题公园名称)的典型游客,跟我希望看到的那个自己是同一类型的人"(理想自我一致性 1)。

"×××(主题公园名称)的典型游客,反映了我想要成为的那种人"(理想自我一致性 2)。

"×××(主题公园名称)的典型游客,与我想成为的那种人相似"(理想自我一致性 3)。

受调查对象用李克特 5 分量表来标记他们的反应,从"1"(很不同意)到"5"(很同意)。为了了解受调查对象的人格特征,本研究在实际自我一致性测量问题后面增加"您是什么样的人?请用至少三个人格形容词描述"问题,在理想自我一致性测量问题后面增加"您想成为什么样的人?请用至少三个人格形容词描述"问题。

2. 功能一致性测量

功能一致性的操作性定义是指游客的期望和他对旅游目的地实际表现感知之间的匹配程度。此中的期望是指规范性期望而非预测性期望（Wang 和 Li，2018）。由于文献中缺乏对功能一致性的统一测量标准（Su 和 Reynolds，2017；Bynum Boley 等，2022），本研究综合 Milman（2009）、Kumar（2014）、Milman 和 Tasci（2017）、Ali 等人（2018）、Zhu 等人（2022）和 Zhou 等人（2022）对主题公园属性维度的论述，将主题公园功能一致性划分为以下 10 个项目。

（1）×××（主题公园名称）交通便利。

（2）×××（主题公园名称）环境优美。

（3）×××（主题公园名称）的娱乐设施、活动项目或景观丰富多样。

（4）×××（主题公园名称）的娱乐设施、活动项目或景观品质高。

（5）×××（主题公园名称）的氛围及场景（建筑、装饰、娱乐设施、表演等）与主题一致。

（6）×××（主题公园名称）的服务设施完善。

（7）×××（主题公园名称）的服务人员友善、专业。

（8）×××（主题公园名称）环境清洁、卫生。

（9）×××（主题公园名称）游玩安全可靠。

（10）×××（主题公园名称）价格合理。

对于 10 个项目中的每一个项目，受调查对象使用李克特 5 分量表进行评分，从"1"（很不同意）到"5"（很同意）。

3. 旅游涉入测量

旅游涉入测量参考 Zaichkowski（1994）开发的个人涉入量表（PII），因为此量表很有代表性，涵盖了认知涉入和情感涉入两个方面，但将原来 10 对反义词的语义差异量表改编为李克特 5 分量表，10 对反义词改编为 10 个肯定陈述句形式的测量项目，具体测量项目如下。

（1）到 ×××（主题公园名称）游玩对我来说是很重要的活动。

（2）到 ×××（主题公园名称）游玩对我来说是很有意义的活动。

（3）到 ××× 游玩对我来说是有价值的。

（4）×××（主题公园名称）和我具有关联性。

（5）到×××（主题公园名称）游玩对我来说是需要的。

（6）我对×××（主题公园名称）非常感兴趣。

（7）×××（主题公园名称）对我非常有吸引力。

（8）到×××（主题公园名称）游玩令我着迷。

（9）到×××（主题公园名称）游玩我很兴奋。

（10）在×××（主题公园名称）游玩我非常投入。

对于 10 个项目中的每一个项目，受调查对象使用李克特 5 分量表进行评分，从"1"（很不符合）到"5"（很符合）。

4. 旅游经历测量

这里的旅游经历是指受调查对象曾经去过无锡四大主题公园之一的经历。本研究根据 Liu 等（2012）、Frías Jamilena 等（2013，2019）、Polo 等（2013）和 Gómez-Rico 等（2022）的研究，将游客按照旅游经历分为首次游客和回头客。

5. 停留时间测量

根据 Smeral（2006）的研究，本研究按照停留时间将游客分为过夜游客和不过夜游客（当日游客），在问卷中直接询问游客是否过夜。

6. 主题公园游客忠诚度测量

在研究中学者们主要用态度忠诚来衡量游客的忠诚度，侧重于分析游客的行为意图，而不是他们的实际行为（Gursoy，2001）。因此，游客忠诚度的操作性定义是目的地被视为值得推荐的程度（Gursoy，2001）。本研究采用 Liu 等人（2012）的三个项目来衡量主题公园游客忠诚度，并使用李克特 5 分量表让受访者对每个项目进行评分，具体如下。

（1）重游意向：您打算重游×××（主题公园名称）。选择：从"1"（很不符合）到"5"（很符合）。

（2）推荐意向：你会向朋友和家人推荐×××（主题公园名称）。选择：从"1"（很不符合）到"5"（很符合）。

（3）正面评价：您会在家人、朋友面前或其他媒体（如互联网）上给予×××（主题公园名称）正面评价。选择：从"1"（很不符合）到"5"（很符合）。

以上变量测量总结概括如表4-1所示。

表4-1　变量测量

变量	测量指标	参考文献
自我一致性	6项	Chon，1992；Sirgy，1997；Sirgy和Su，2000；Bynum Boley等，2022
功能一致性	10项	Milman，2009，2017；Ali，2018；Zhu，2022；Zhou，2022
旅游涉入	10项	Zaichkowsky，1994
旅游经历	1项	Liu，2012；Gomez-Rico，2022
停留时间	1项	Smeral，2006
主题公园游客忠诚	3项	Liu等，2012

（来源：作者自绘）

（二）问卷设计

本研究采用自填问卷法收集数据，问卷由三部分组成。第一部分筛选受调查对象，包括两个答案为"是"或"否"的筛选问题：（1）在过去的12个月里，您是否去过无锡四大主题公园之中的至少一个？（2）您是否已满18周岁？只有对这两个问题的回答都选"是"，受调查对象才可以继续回答问卷。否则，调查表将在第二个问题完成后自动结束。第二部分由自我一致性、功能一致性、旅游经历、旅游涉入、停留时间、主题公园游客忠诚度变量测量的问题组成。第三部分调查受调查对象的人口统计特征（年龄、性别、居住地、受教育程度、职业、婚姻状况、家庭收入和教育程度）以及旅行特征。

（三）预调查

为提高内容效度，问卷设计完成后，征询了在锡高校的两名旅游研究专家和三名旅游企业专家的意见。根据专家的意见，对问卷部分问题的措辞和问题的顺序进行了一些微调，以提高问卷的可读性和清晰度。2024年4月对45

名游客进行了预调查,预调查参与人员与正式阶段填写人员要求相同:在过去12个月内曾去过无锡四大主题公园之一,且年满18周岁。预调查结果显示自我一致性、功能一致性、旅游涉入、主题公园游客忠诚度的 Cronbach's α 值(简称 α 系数)均高于 0.9,说明 4 个定量变量具有较高的信度。

五、数据分析过程

(一)数据收集

本研究使用方便抽样和滚雪球抽样方法收集数据。在问卷收集专业网站"问卷星"上制作问卷,然后在社交媒体平台微信和 QQ 上发放问卷。因为此项调查需要一定规模的重游游客,但无锡四大主题公园的重游率较低,现场较难识别,至于无锡以外的外地游客,重游的游客更是较难找到。在此种情况下滚雪球抽样是一种较为合适的方法,因为此种方法是在彼此相对熟悉的家人、朋友或熟人之间共享问卷(方便抽样),彼此知道谁符合问卷填写条件。根据 Litwin 和 Fink(1995)的说法,滚雪球抽样是募集此类研究参与者的最有效方法。滚雪球抽样是一种非概率抽样形式,其目的性优于随机性(Miles 和 Huberman,1994)。滚雪球抽样有助于研究人员识别可能的受试者,从而扩大参与者群体(Hein 和 Riegel,2011)、提供更广泛的样本分布(Hein 和 Riegel,2011;Kim 和 Kizildag,2011)。酒店研究人员经常使用滚雪球抽样(Altinay,2010;Correia 等,2016;Guo 和 Hsu,2023;Jeou-Shyan,2011;Phuong 等,2022;Scott-Halsell 等,2011;Xu 和 Pratt,2018;Yoon 和 Kim,2015)。

(二)数据编码

为便于在软件中统计分析,将数据通过缩写进行编码。自我一致性缩写为 SC,实际自我一致性缩写为 ASC,其三个测量维度分别为 SC1、SC2、SC3,理想自我一致性缩写为 ISC,其三个测量维度分别为 SC4、SC5、SC6。功能一致性缩写为 FC,其十个测试维度分别为 FC1(交通)、FC2(环境优美度)、FC3(项目多样性)、FC4(项目品质)、FC5(主题性)、FC6(服务设施)、FC7(服务人员)、FC8(清洁卫生)、FC9(安全性)、FC10(价格)。旅游涉入缩写为 INVOL，其十个测试维度分别为 INVOL1（意义）、INVOL2（重要性）、INVOL3（价值）、INVOL4（关联性）、INVOL5（内在需要）、INVOL6（兴趣）、INVOL7（吸引力）、INVOL8（着迷度）、INVOL9（兴奋度）、INVOL10（投入度）。主题公园游客忠诚度缩写为 TLWTP，其三个测试维度分别为 TLWTP1（重游意向）、TLWTP2（推荐意向）、TLWTP3（正向评价）。

（三）数据分析方法

本研究使用 SPSSAU 和 AMOS 24 软件对数据进行分析。

（1）应用 SPSSAU 对定类数据进行频数分析、对定量数据进行描述性统计分析以及信度分析。以此了解定类数据的特征，定量数据的最小值、最大值、平均值、标准差、偏度、峰度，以及定量数据的正态性情况和信度。

（2）功能一致性、旅游涉入探索性因子分析。对于测量维度较多的功能一致性和旅游涉入，使用 SPSSAU 中的探索性因子分析（EFA）进行降维处理，确定变量的核心因子，创建严格而清晰的因子秩序，找出变量的本质结构，避免多重共线性问题。

（3）测量模型检验。利用 AMOS 24 中的 CFA 方法对理论模型进行检验。将功能一致性、自我一致性、主题公园游客忠诚度 3 个潜变量以及各自所属的观测变量导入设定的 CFA 模型中，并评估模型的适配度和变量的综合信度、聚合效度、区分效度。

（4）假设检验。对于假设 H1~H5 以及 H6a、H6b、H8，通过 AMOS 24 的结构方程模型（SEM）进行检验。其中，H1~H3 可以通过 p 值和路径系数得出结论，H4 可以通过 Bootstrap 法进行中介效应检验，H5 可以使用嵌套模型比较方法进行检验，H6a、H6b、H8 可以通过多群组分析的恒等性检验方法进行检验。H7a、H7b、H7c、H7d 可以通过 SPSSAU 中的调节中介模块进行检验。

第五章
数据分析

一、问卷收集及数据清洗

　　采用问卷星进行调查（详细问卷见附录），调查时间自 2024 年 5 月 7 日至 8 月 6 日，共收集答卷 550 份。去掉回答时间过短（100 秒以下）、所有问题同样答案以及内容相似问题回答不一致等 180 份无效问卷，最终 370 份有效问卷用于数据分析，问卷有效率为 67.3%。

二、样本特征与变量信度

　　应用 SPSSAU 中的频数模块对问卷的定类变量进行分析，由表 5-1 可知：从无锡四大主题公园分布来看，样本大部分为无锡拈花湾，共有 147 份，占比为 39.73%；无锡灵山景区 83 份，占比 22.43%；无锡融创乐园 77 份，占比 20.81%；CCTV 无锡外景基地 63 份，占比 17.03%。性别方面，男性 135 人，占比 36.49%，女性 235 人，占比 63.51%。年龄方面，31~40 岁区间最多，占总样本量 37.03%；26~30 岁占 19.73%，18~25 岁占 19.46%，41~50 岁占 18.11%，51~60 岁占 4.59%，60 岁以上占 1.08%。从居住地来看，样本中"长三角地区（除无锡外的江苏、上海、浙江、安徽）"相对较多，比例为 45.40%；无锡（含江阴、宜兴）样本的比例是 39.46%；其他地区占比

15.14%。学历方面,大学本科样本量最多,占比47.30%;其次为大学专科,占比32.97%;研究生及以上占比9.19%,高中/中专占比7.57%,初中及以下占比2.97%。职业方面,公司或企业职员占比最高,为39.46%,个体职业者占比14.05%,事业单位人员占比12.70%,学生占比11.35%,政府职员占比3.25%,离退休人员占比1.62%,其他占比17.57%。婚姻状况方面,已婚占比65.41%,未婚占比32.43%,离异占比2.16%。家庭年收入方面,10万~20万元相对较多,占比39.46%;10万元以下占比21.08%,20万~30万元占比19.46%,30万~50万元占比13.51%,50万~100万元占比3.79%,100万元及以上占比2.70%。游玩次数方面,第一次占比为50.00%,两次及以上占比50.00%。从旅伴来看(多选),朋友占比36.49%,孩子占比30.27%,情侣/夫妻占比28.38%,父母占比14.05%,同事占比13.51%,旅行社组团占比8.11%,个人占比5.41%,其他占比4.86%。

定量变量的初始信度利用 SPSSAU 信度模块 Cronbach's α 值(α 系数)进行衡量,结果显示自我一致性、功能一致性、旅游涉入、主题公园游客忠诚度的 α 系数分别为 0.938、0.901、0.971、0.880,均大于 0.7 的临界值,说明 4 个变量信度质量高。

表 5-1 样本特征

名称	选项	频数	百分比(%)	累积百分比(%)
无锡主题公园	无锡融创乐园	77	20.81	20.81
	CCTV 无锡外景基地	63	17.03	37.84
	无锡灵山景区	83	22.43	60.27
	无锡拈花湾	147	39.73	100.00
性别	男	135	36.49	36.49
	女	235	63.51	100.00
年龄	18~25 岁	72	19.46	19.46
	26~30 岁	73	19.73	39.19
	31~40 岁	137	37.03	76.22
	41~50 岁	67	18.11	94.33

续表

名称	选项	频数	百分比（%）	累积百分比(%)
	51~60 岁	17	4.59	98.92
	60 岁以上	4	1.08	100.00
居住地	无锡（含江阴、宜兴）	146	39.46	39.46
	长三角地区（除无锡外的江苏、上海、浙江、安徽）	168	45.40	84.86
	其他地区	56	15.14	100.00
学历	初中及以下	11	2.97	2.97
	高中／中专	28	7.57	10.54
	大学专科	122	32.97	43.51
	大学本科	175	47.30	90.81
	研究生及以上	34	9.19	100.00
职业	学生	42	11.35	11.35
	公司或企业职员	146	39.46	50.81
	政府职员	12	3.25	54.06
	个体职业者	52	14.05	68.11
	事业单位人员	47	12.70	80.81
	离退休人员	6	1.62	82.43
	其他	65	17.57	100.00
婚姻状况	未婚	120	32.43	32.43
	已婚	242	65.41	97.84
	离异	8	2.16	100.00
家庭年收入	10 万元以下	78	21.08	21.08
	10 万~20 万元	146	39.46	60.54
	20 万~30 万元	72	19.46	80.00
	30 万~50 万元	50	13.51	93.51

续表

名称	选项	频数	百分比（%）	累积百分比(%)
	50万~100万元	14	3.79	97.30
	100万元及以上	10	2.70	100.00
游玩次数	第一次	185	50.00	50.00
	两次及以上	185	50.00	100.00
旅伴（个人）	未选中	350	94.59	94.59
	选中	20	5.41	100.00
朋友	未选中	235	63.51	63.51
	选中	135	36.49	100.00
同事	未选中	320	86.49	86.49
	选中	50	13.51	100.00
情侣/夫妻	未选中	265	71.62	71.62
	选中	105	28.38	100.00
父母	未选中	318	85.95	85.95
	选中	52	14.05	100.00
孩子	未选中	258	69.73	69.73
	选中	112	30.27	100.00
旅行社组团	未选中	340	91.89	91.89
	选中	30	8.11	100.00
其他	未选中	352	95.14	95.14
	选中	18	4.86	100.00

（来源：作者根据 SPSSAU 整理）

三、变量描述

应用 SPSSAU 的描述模块对定量变量进行分析，从表 5-2 可以看出，当前数据中并没有异常值。各测量项最低得分为 1 分，最高得分为 5 分。在各测量项中，以功能一致性维度总体得分较高，除了价格和交通之外，其他测量项皆为4分以上。各测量项峰度绝对值小于4并且偏度绝对值小于2，基本可接受为正态分布（Song和Kang，2023），可以进行CFA、SEM等后续分析。

表5-2　定量变量描述性统计结果

测量项	代码	最小值	最大值	平均值	标准差	偏度	峰度
×××的典型游客，与我眼中的自己是同一类型的人	SC1	1	5	3.870	0.957	−0.615	0.142
×××的典型游客，反映了我是什么样的人	SC2	1	5	3.735	1.020	−0.559	−0.055
×××的典型游客，和我相似	SC3	1	5	3.778	0.940	−0.412	−0.170
×××的典型游客，跟我希望看到的那个自己是同一类型的人	SC4	1	5	3.868	0.923	−0.565	0.014
×××的典型游客，反映了我想要成为的那种人	SC5	1	5	3.770	1.003	−0.546	−0.148
×××的典型游客，与我想成为的那种人相似	SC6	1	5	3.811	0.964	−0.526	−0.091
交通	FC1	1	5	3.689	1.135	−0.609	−0.305
环境优美度	FC2	1	5	4.397	0.748	−1.382	2.685
项目多样性	FC3	1	5	4.076	0.829	−0.601	0.032
项目品质	FC4	1	5	4.105	0.828	−0.545	−0.351
主题性	FC5	1	5	4.322	0.700	−0.777	0.564
服务设施	FC6	1	5	4.184	0.775	−0.788	0.916
服务人员	FC7	1	5	4.230	0.799	−0.886	0.843
清洁卫生	FC8	1	5	4.322	0.708	−0.827	0.699
安全性	FC9	1	5	4.332	0.703	−0.850	0.794
价格	FC10	1	5	3.651	1.064	−0.543	−0.170
意义	INOVL1	1	5	3.684	0.999	−0.498	−0.006

续表

测量项	代码	最小值	最大值	平均值	标准差	偏度	峰度
重要性	INOVL2	1	5	3.862	0.931	−0.573	0.070
价值	INOVL3	1	5	3.922	0.903	−0.667	0.291
关联性	INOVL4	1	5	3.576	1.026	−0.440	−0.122
内在需要	INOVL5	1	5	3.646	0.991	−0.535	0.100
兴趣	INOVL6	1	5	3.827	0.918	−0.475	0.019
吸引力	INOVL7	1	5	3.803	0.949	−0.552	0.108
着迷度	INOVL8	1	5	3.670	0.962	−0.436	0.104
兴奋度	INOVL9	1	5	3.754	0.929	−0.368	−0.153
投入度	INOVL10	1	5	3.778	0.940	−0.530	0.141
重游意向	TLWTP1	1	5	3.632	1.092	−0.549	−0.203
推荐意向	TLWTP2	1	5	3.951	0.939	−0.773	0.423
正向评价	TLWTP3	1	5	4.081	0.842	−0.757	0.503

（来源：作者根据 SPSSAU 整理）

（注释："×××"为无锡四大主题公园无锡融创乐园、CCTV 无锡外景基地、无锡灵山景区、无锡拈花湾中的某一个）

四、功能一致性和旅游涉入公因子提取

（一）功能一致性公因子提取

由于功能一致性的测量没有统一的现成的标准，本研究中对主题公园功能一致性的测量是综合了前期研究中对主题公园特征属性的测量指标，共有10 个测量维度。因此，为确定核心因子，找出功能一致性的本质结构，降低变量的多重共线性，利用 SPSSAU EFA 方法对功能一致性进行信息浓缩研究和降维处理。

从表 5-3 可以看出，KMO 为 0.913，大于 0.6，满足因子分析的前提要求，说明数据可用于因子分析研究。数据通过 Bartlett 球形度检验（p<0.05），说明研究数据适合进行因子分析。

表 5-3　KMO 和 Bartlett 的检验

KMO 值		0.913
Bartlett 球形度检验	近似卡方	2150.734
	df	28.000
	p 值	0.000

（来源：作者根据 SPSSAU 整理）

　　进一步分析选用主成分提取法，利用最大方差法（Varimax）进行旋转，再进行因子分析的反复尝试。为了使因子结构获得比较满意的解释，对共同度（公因子方差）小于 0.4 的指标予以剔除，结合专业知识以及因子与研究项对应关系情况，综合权衡抽取 2 个因子。最终结果共删除"交通"（FC1）和"价格"（FC10）2 个指标项，共提取 2 个公因子。由表 5-4 可知，2 个因子旋转后的方差解释率分别是 39.782%、36.579%，说明信息提取量分布较为均匀；旋转后累积方差解释率为 76.361%，说明提取出来的 2 个因子可以提取出总共 8 个测量项中的 76.361% 的信息量；由表 5-5 可知，共同度（公因子方差）介于 0.618 ~ 0.870，均大于 0.4 的标准。综合说明本次因子分析的效果良好。在公因子所代表的含义上：第一个公因子包含了景观、项目等吸引物，命名为旅游吸引要素（AFC）；第二个公因子的指标涉及服务水平，命名为旅游服务要素（SFC）。对于既属于因子 1 又属于因子 2 的 FC5、FC6，根据载荷系数大小以及属性特征，将其归为因子 1。

表 5-4　2 个因子旋转后的方差解释率

因子编号	特征根			旋转前方差解释率			旋转后方差解释率		
	特征根	方差解释率(%)	累积(%)	特征根	方差解释率(%)	累积(%)	特征根	方差解释率(%)	累积(%)
1	5.304	66.303	66.303	5.304	66.303	66.303	3.183	39.782	39.782
2	0.805	10.057	76.360	0.805	10.057	76.360	2.926	36.579	76.361
3	0.512	6.396	82.756	—	—	—	—	—	—
4	0.380	4.756	87.512	—	—	—	—	—	—
5	0.329	4.113	91.625	—	—	—	—	—	—

续表

因子编号	特征根			旋转前方差解释率			旋转后方差解释率		
	特征根	方差解释率（%）	累积（%）	特征根	方差解释率（%）	累积（%）	特征根	方差解释率（%）	累积（%）
6	0.297	3.716	95.341	—	—	—	—	—	—
7	0.209	2.607	97.947	—	—	—	—	—	—
8	0.164	2.053	100.000	—	—	—	—	—	—

（来源：作者根据 SPSSAU 整理）

表 5-5　旋转后因子载荷系数

名称	因子载荷系数		共同度（公因子方差）
	因子 1（AFC）：旅游吸引要素	因子 2（SFC）：旅游服务要素	
FC2	0.727	0.299	0.618
FC3	0.870	0.231	0.809
FC4	0.813	0.389	0.812
FC5	0.677	0.468	0.677
FC6	0.661	0.508	0.695
FC7	0.321	0.827	0.787
FC8	0.342	0.868	0.870
FC9	0.351	0.847	0.841

（来源：作者根据 SPSSAU 整理）

（二）旅游涉入公因子提取

旅游涉入共 10 个测量维度，为降低变量的多重共线性，利用 SPSSAU 中的 EFA 方法对旅游涉入进行信息浓缩研究和降维处理。

从表 5-6 可以看出，KMO 为 0.943，大于 0.6，满足因子分析的前提要求，说明数据可用于因子分析研究。数据通过 Bartlett 球形度检验（$p<0.05$），说明研究数据适合进行因子分析。

表 5-6　KMO 和 Bartlett 的检验

KMO 值		0.943
Bartlett 球形度检验	近似卡方	4836.418
	df	45.000
	p 值	0.000

（来源：作者根据 SPSSAU 整理）

　　进一步分析选用主成分提取法，利用最大方差法（Varimax）进行旋转，最终提取 3 个公因子。由表 5-7 可知，3 个因子旋转后的方差解释率分别是 38.470%、28.403%、22.997%，旋转后累积方差解释率为 89.870%，说明提取出来的 3 个因子可以提取出总共 10 个测量项中的 89.870% 的信息量；由表 5-8 可知，共同度（公因子方差）介于 0.859～0.938，均大于 0.4 的标准，综合说明本次因子分析的效果良好。在公因子所代表的含义上：第一个公因子包含 INOVL1（意义）、INOVL2（重要性）、INVOL3（价值），命名为重要性（INVOLA）；第二个公因子包含 INVOL4（关联性）、INVOL5（内在需要），命名为关联性（INVOLB）；第三个公因子包含 INVOL6（兴趣）、INVOL7（吸引力）、INVOL8（着迷度）、INVOL9（兴奋度）、INVOL10（投入度），命名为吸引力（INVOLC）。

表 5-7　3 个因子旋转后的方差解释率

因子编号	特征根			旋转前方差解释率			旋转后方差解释率		
	特征根	方差解释率（%）	累积（%）	特征根	方差解释率（%）	累积（%）	特征根	方差解释率（%）	累积（%）
1	7.969	79.685	79.685	7.969	79.685	79.685	3.847	38.470	38.470
2	0.585	5.853	85.538	0.585	5.853	85.538	2.840	28.403	66.873
3	0.433	4.332	89.870	0.433	4.332	89.870	2.300	22.997	89.870
4	0.252	2.523	92.393	—	—	—	—	—	—
5	0.177	1.772	94.165	—	—	—	—	—	—
6	0.158	1.583	95.748	—	—	—	—	—	—
7	0.129	1.294	97.042	—	—	—	—	—	—

续表

因子编号	特征根			旋转前方差解释率			旋转后方差解释率		
	特征根	方差解释率(%)	累积(%)	特征根	方差解释率(%)	累积(%)	特征根	方差解释率(%)	累积(%)
8	0.109	1.089	98.131	—	—	—	—	—	—
9	0.101	1.007	99.138	—	—	—	—	—	—
10	0.086	0.862	100.000	—	—	—	—	—	—

（来源：作者根据 SPSSAU 整理）

表5-8 旋转后因子载荷系数

名称	因子载荷系数			共同度（公因子方差）
	因子1	因子2	因子3	
INVOL1	0.398	0.688	0.487	0.869
INVOL2	0.400	0.821	0.324	0.938
INVOL3	0.415	0.806	0.316	0.922
INVOL4	0.363	0.363	0.813	0.924
INVOL5	0.455	0.376	0.751	0.913
INVOL6	0.710	0.412	0.430	0.859
INVOL7	0.740	0.467	0.354	0.890
INVOL8	0.810	0.336	0.376	0.911
INVOL9	0.786	0.421	0.270	0.868
INVOL10	0.832	0.304	0.328	0.892

（来源：作者根据 SPSSAU 整理）

五、测量模型检验

应用 AMOS 24 中的 CFA 方法对测量模型进行检验，CFA 分析可以评估模型的适配度和构念的综合信度、聚合效度、区分效度。

如图 5-1 所示，本次验证性因子分析（CFA）共针对 5 个一阶因子（ASC、ISC、AFC、SFC、TLWTP），2 个二阶因子（SC、FC），以及 17 个分析项（SC1~SC6，

FC2~FC9，TLWTP1~TLWTP3），e1~e15 为残差标准载荷系数。本次分析有效样本量为 370 份，超出分析项数量的 10 倍，样本量适中。

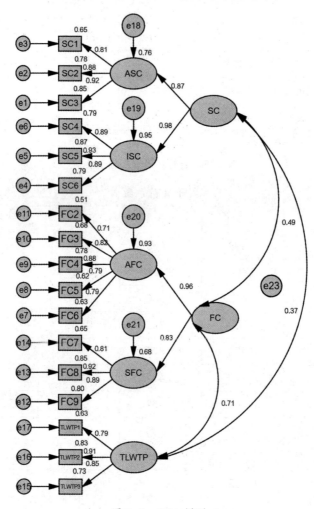

图 5-1 CFA 模型

（来源：AMOS 24）

从表 5-9 可知，从测量关系来看，标准化载荷系数绝对值均大于 0.6 且呈现出显著性（P 值小于 0.001），说明有较好的测量关系。7 个因子（一阶、二阶）对应的 AVE 值均大于 0.5，且 CR 值均高于 0.7，说明本次分析数据具有良好的聚合（收敛）效度。

表 5-9　聚合效度

路径			标准化后的因子载荷	S.E.	P	CR	AVE
ASC	<——	SC	0.869			0.9209	0.8539
ISC	<——	SC	0.976	0.099	***		
AFC	<——	FC	0.963			0.8913	0.8048
SFC	<——	FC	0.826	0.068	***		
SC3	<——	ASC	0.922			0.9052	0.7615
SC2	<——	ASC	0.884	0.041	***		
SC1	<——	ASC	0.808	0.042	***		
SC6	<——	ISC	0.890			0.9313	0.8189
SC5	<——	ISC	0.934	0.039	***		
SC4	<——	ISC	0.890	0.038	***		
FC6	<——	AFC	0.793			0.8991	0.6418
FC5	<——	AFC	0.786	0.054	***		
FC4	<——	AFC	0.882	0.062	***		
FC3	<——	AFC	0.823	0.063	***		
FC2	<——	AFC	0.712	0.059	***		
FC9	<——	SFC	0.893			0.9074	0.7663
FC8	<——	SFC	0.922	0.04	***		
FC7	<——	SFC	0.807	0.051	***		
TLWTP3	<——	TLWTP	0.853			0.8899	0.7299
TLWTP2	<——	TLWTP	0.912	0.056	***		
TLWTP1	<——	TLWTP	0.794	0.067	***		

（来源：作者根据 AMOS 24 结果绘制）

（注释：*** 表示 P 值小于 0.001）

由表 5-10 可知，针对区分效度进行分析，对于 FC，其 AVE 平方根值为

0.897，大于因子间相关系数绝对值的最大值 0.71，说明其具有良好的区分效度。对于 SC，其 AVE 平方根值为 0.924，大于因子间相关系数绝对值的最大值 0.491，说明其具有良好的区分效度。针对 TLWTP，其 AVE 平方根值为 0.854，大于因子间相关系数绝对值的最大值 0.71，说明其具有良好的区分效度。

表 5-10　区分效度

变量	FC	SC	TLWTP
FC	0.897		
SC	0.491**	0.924	
TLWTP	0.71**	0.37**	0.854
AVE	0.8048	0.8539	0.7299

（来源：作者根据 AMOS 24 结果绘制）

（注释：** 表示 P 值小于 0.01）

表 5-11 显示，总体模型各项拟合指标均达到临界值标准，说明模型的适配效果良好。

表 5-11　模型拟合指标

常用指标	卡方自由度比 χ^2/df	GFI	RMSEA	RMR	CFI	NFI	TLI
判断标准	<3	>0.9	<0.08	<0.05	>0.9	>0.9	>0.9
值	2.266	0.927	0.059	0.028	0.972	0.952	0.966

（来源：作者根据 AMOS 24 结果绘制）

六、假设检验

（一）直接效应检验

应用 AMOS 24，所构建的路径关系图如图 5-2 所示，其中拟合指标如表 5-12 所示，卡方自由度比 χ^2/df 为 2.266，GFI 为 0.927，RMSEA 为 0.059，RMR 为 0.028，CFI 为 0.972，NFI 为 0.952，TLI 为 0.966，各拟合指标均在适配指标范围内，因此表明结构方程模型拟合结果良好。

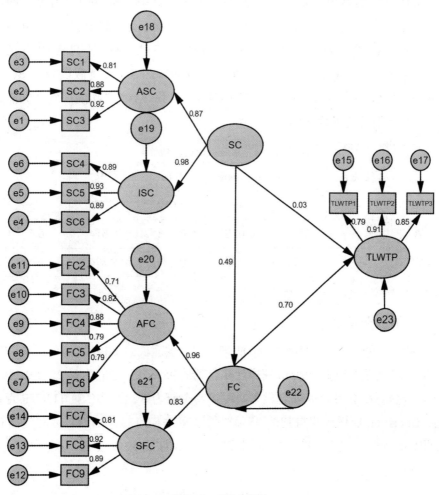

图 5-2　SEM 模型

（来源：AMOS 24）

表 5-12　模型拟合指标

常用指标	卡方自由度比 χ^2/df	GFI	RMSEA	RMR	CFI	NFI	TLI
判断标准	<3	>0.9	<0.08	<0.05	>0.9	>0.9	>0.9
值	2.266	0.927	0.059	0.028	0.972	0.952	0.966

（来源：作者根据 AMOS 24 结果绘制）

结构方程的路径关系结果如表 5-13 所示，其中，SC 对 FC 有显著的正向影响，影响系数为 0.491，P 值小于 0.001，因此，支持假设 H3，R^2=0.241，说明自我一致性能够解释功能一致性 24.1% 的变差。FC 对 TLWTP 有显著的正向影响，影响系数为 0.696，P 值小于 0.001，因此，支持假设 H2。SC 对 TLWTP 没有显著影响，因此，否定假设 H1。自我一致性、功能一致性共能解释主题公园游客忠诚度 50.4% 的变差。

表 5-13　路径假设检验结果

路径关系			Estimate	S.E.	C.R.	P
FC	<——	SC	0.491	0.042	8.221	***
TLWTP	<——	SC	0.028	0.063	0.514	0.607
TLWTP	<——	FC	0.696	0.121	9.374	***

（来源：作者根据 AMOS 24 结果绘制）

（二）中介效应检验

应用 AMOS 24 中的 Bootstrap 法进行中介效应检验，由表 5-14 可知，SC 对 TLWTP 间接效应 Bootstrap 抽样计算得到的 95% 置信区间为 [0.254，0.484]，区间不包括 0，说明间接效应显著，间接效应值为 0.342。SC 对 TLWTP 直接效应 Bootstrap 抽样计算得到的 95% 置信区间为 [-0.133，0.174]，区间包括 0，说明直接效应不显著，进一步说明 SC 对 TLWTP 的效应被 FC 完全中介，支持假设 H4。

表 5-14　Bootstrap 法中介效应假设检验

路径	效应	效应值	Bias-corrected 95% CI		结果
			Lower	Upper	
SC→FC→TLWTP	总效应	0.370	0.236	0.489	完全中介
	直接效应	0.028	-0.133	0.174	
	间接效应	0.342	0.254	0.484	

（来源：作者根据 AMOS 24 结果绘制）

（三）调节效应检验

为考察旅游经历对变量关系的调节效应，采用 AMOS 24 中的结构方程模型多群组分析的恒等性检验方法来检验不同群组的结构模型之间的路径系数是否存在显著差异。旅游经历分成首次游客和回头客两个群组，每组各 185 人。两个群组 2 条回归路径分别为 SC→TLWTP、FC→TLWTP，首次游客群组回归路径系数分别设为 a1、a2，回头客群组回归路径系数分别设为 b1、b2（见图 5-3、图 5-4）。

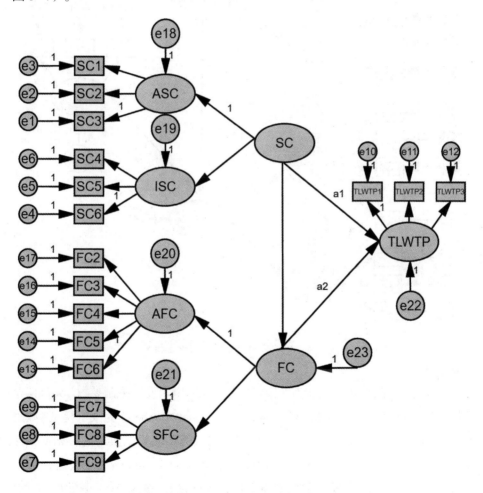

图 5-3　首次游客群组路径系数设定模型

（来源：AMOS 24）

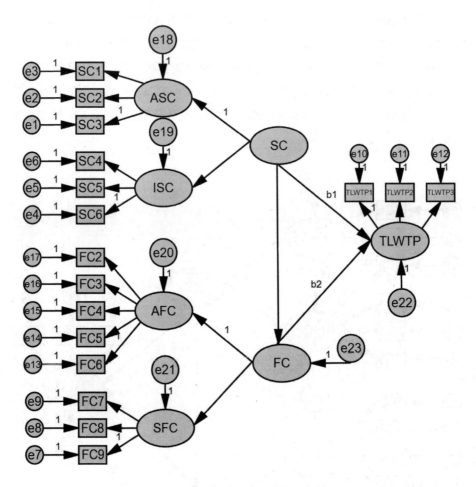

图 5-4　回头客群组路径系数设定模型

（来源：AMOS 24）

　　标准模型 Default model 为非限定模型，模型中未设定限制参数，允许两个群组有不同的回归系数。Model Number 1、Model Number 2 为限定模型，模型中分别限定（也即虚无假设）两个群组的两条回归路径系数中的一条回归路径系数相同，Model Number 1 中限定 a1=b1，Model Number 2 中限定 a2=b2。表 5-15 显示，非限定模型和限定模型拟合指标良好，虽然 GFI 小于 0.9，但是 0.894 也可以接受（Bentler，1980；Baumgartner 和 Homburg，1996）。

表 5-15 旅游经历调节效应检验模型拟合

常用指标	卡方自由度比 χ^2/df	GFI	RMSEA	RMR	CFI	NFI	TLI
判断标准	<3	>0.9	<0.08	<0.05	>0.9	>0.9	>0.9
Default model	1.683	0.894	0.043	0.036	0.971	0.931	0.964
Model Number 1	1.676	0.894	0.043	0.036	0.971	0.931	0.965
Model Number 2	1.679	0.894	0.043	0.037	0.971	0.931	0.964

（来源：作者根据 AMOS 24 结果绘制）

　　通过限定模型和非限定模型对比，非限定模型图如图 5-5、图 5-6 所示，对比结果如表 5-16 所示。由表 5-16 可知，自由度（DF）差异皆为 1，卡方（CMIN）差异分别为 0.242、0.981，P 值分别为 0.623、0.322，均大于 0.05，卡方差异不显著，说明限定模型和非限定模型差异不显著，接受 a1=b1、a2=b2 虚无假设，说明旅游经历作为调节变量对 SC→TLWTP、FC→TLWTP 2 条回归路径都没有调节作用，结合两个群组间路径系数差异的临界比值（见表 5-17），a1 与 b1 差异的临界比值 -0.498，a2 与 b2 差异的临界比值为 -0.97，皆小于 1.96，表示两个群组间 2 条路径系数都无显著差异，可视为相等。再结合路径系数（见表 5-18），首次游客群组 SC→TLWTP P 值为 0.356，大于 0.05，影响作用不显著，回头客群组 SC→TLWTP P 值为 0.794，大于 0.05，影响作用不显著，说明旅游经历没有调节作用；首次游客群组 FC→TLWTP P 值小于 0.001，影响作用显著，回头客群组 FC→TLWTP P 值小于 0.001，影响作用显著，说明旅游经历没有调节作用。因此，接受假设 H6a、H6b。

　　同理，在对停留时间（过夜 / 不过夜）对变量关系的调节效应检验中，采用结构方程模型多群组分析的恒等性检验方法来检验不同群组的结构模型之间的路径系数是否存在显著差异。停留时间分成过夜（住过）和不过夜（没住过）两个群组。过夜群组回归路径 SC→TLWTP 系数设为 a1，不过夜群组回归路径 SC→TLWTP 系数设为 b1。标准模型 Default model 为非限定模型，Model Number 1 为限定模型，限定此条回归路径系数相等。表 5-19 显示，非限定模型和限定模型拟合指标良好 , 虽然 GFI 小于 0.9, 但 0.895 也可以接受 (Bentler, 1980; Baumgartner 和 Homburg, 1996) 。

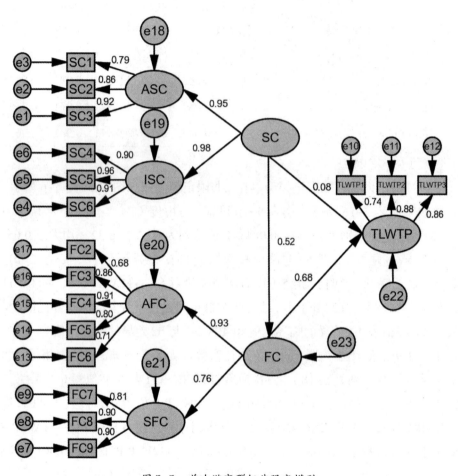

图 5-5　首次游客群组非限定模型

(来源 : AMOS 24)

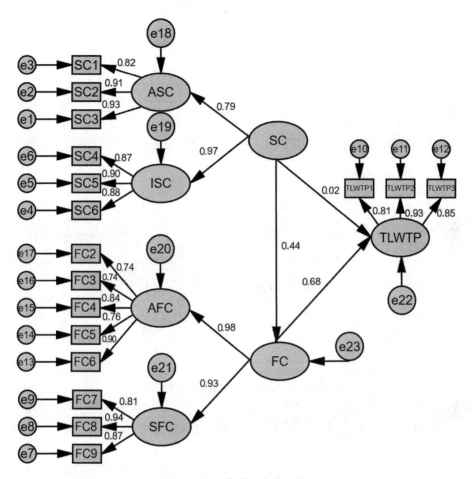

图 5-6　回头客群组非限定模型

（来源：AMOS 24）

表 5-16　嵌套模型比较

| Model | DF | P | NFI | IFI | RFI | TLI |
			Delta-1	Delta-2	rho-1	rho2
Model Number 1	1	0.623	0	0	0	0
Model Number 2	1	0.322	0	0	0	0

（来源：作者根据 AMOS 24 结果绘制）

表5-17　路径系数间差异的临界比值

	a1	a2	b1	b2
a1	0			
a2	4.036	0		
b1	−0.498	−5.072	0	
b2	5.529	−0.97	5.174	0

（来源：作者根据 AMOS 24 结果绘制）

表5-18　路径系数

路径关系	第一次			两次及以上		
	Estimate	P	Label	Estimate	P	Label
TLWTP<——SC	0.079	0.356	a1	0.021	0.794	b1
TLWTP<——FC	1.043	***	a2	0.836	***	b2

（来源：作者根据 AMOS 24 结果绘制）

（注释：*** 表示 P 值小于 0.001）

表5-19　是否住宿调节效应检验模型拟合

常用指标	卡方自由度比 χ^2/df	GFI	RMSEA	RMR	CFI	NFI	TLI
判断标准	<3	>0.9	<0.08	<0.05	>0.9	>0.9	>0.9
Default model	1.678	0.895	0.043	0.037	0.970	0.930	0.964
Model Number 1	1.674	0.895	0.043	0.037	0.970	0.930	0.965

（来源：作者根据 AMOS 24 结果绘制）

　　通过限定模型和非限定模型对比，非限定模型图见图 5-7、图 5-8，对比结果见表 5-20。由表 5-20 可知，自由度（DF）差异为 1，卡方（CMIN）差异为 0.765，P 值分别为 0.382，大于 0.05，卡方差异不显著，说明限定模型和非限定模型差异不显著，接受 a1=b1 虚无假设，说明停留时间（过夜／不过夜）作为调节变量对 SC→TLWTP 回归路径没有调节作用。结合两个群组间路径系数差异的临界比值（见表 5-21），a1 与 b1 差异的临界比值 -0.893，小于 1.96，表示两个群组间此条路径系数无显著差异，可视为相等。再结合路径系数（见表 5-22），过夜群组 SC→TLWTP P 值为 0.315，大于 0.05，影响作用不显著，不过夜群组 SC→TLWTP P 值为 0.889，大于 0.05，影响作用不显著，说明停留时间（过夜 / 不过夜）对此条路径没有调节作用。因此，拒绝假设 H8。

应用 SPSSAU 中的调节中介模块对旅游涉入对变量关系的调节效应进行分析。通过 Model 59（见图 5-9）对旅游涉入的调节效应检验可知（见表 5-23），交互项 SC*INVOL 对 TLWTP 影响效应 P 值为 0.736，小于 0.05，影响效应不显著，说明旅游涉入对 SC→TLWTP 路径没有调节作用，拒绝假设 H7a；对 FC 影响效应 P 值为 0.001，小于 0.01，影响效应显著，说明旅游涉入对 SC→FC 路径有调节作用，接受假设 H7c。交互项 FC*INVOL 对 TLWTP 影响效应 P 值为 0.123，小于 0.05，影响效应不显著，说明旅游涉入对 FC→TLWTP 路径没有调节作用，拒绝假设 H7b。

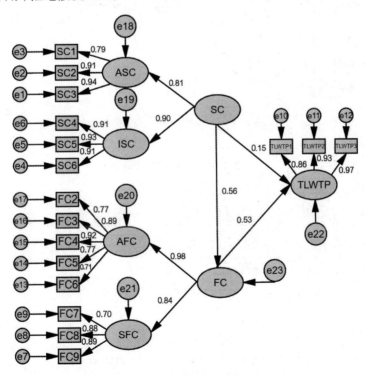

图 5-7　过夜群组非限定模型

（来源：AMOS 24）

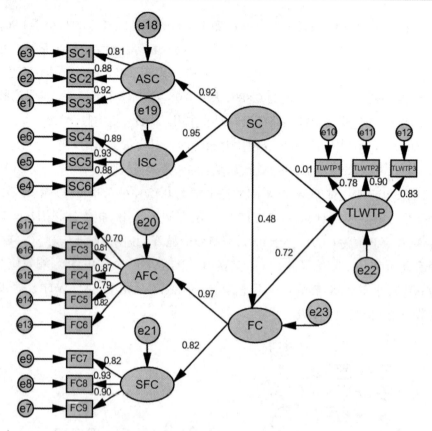

图 5-8　不过夜群组非限定模型

（来源：AMOS 24）

表 5-20　嵌套模型比较

| Model | DF | CMIN | P | NFI | IFI | RFI | TLI |
				Delta-1	Delta-2	rho-1	rho2
Model Number 1	1	0.765	0.382	0	0	0	0

（来源：作者根据 AMOS 24 结果绘制）

表 5-21　路径系数间差异的临界比值

	a1	b1
a1	0	
b1	−0.893	0

（来源：作者根据 AMOS 24 结果绘制）

表 5-22　路径系数

路径关系			住过			没住过		
			Estimate	P	Label	Estimate	P	Label
TLWTP	<——	SC	0.138	0.315	a1	0.007	0.889	b1

（来源：作者根据 AMOS 24 结果绘制）

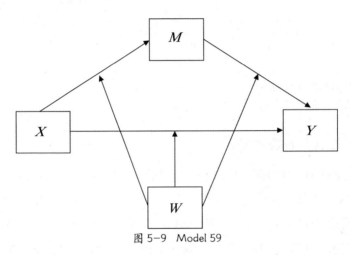

图 5-9　Model 59

（来源：SPSS PROCESS）

（注释：X 为自变量，Y 为因变量，M 为中介变量，W 为调节变量。调节变量 W 针对 $X—>M$、$X—>Y$ 和 $M—>Y$ 这 3 条路径进行调节）

表 5-23　Model 59 对旅游涉入的调节效应回归模型汇总

	TLWTP				FC			
	β	SE	t 值	P 值	β	SE	t 值	P 值
常数	−1.107	0.790	−1.402	0.162	3.417	0.347	9.846	0.000**
SC	−0.012	0.122	−0.097	0.923	−0.193	0.095	−2.031	0.043*
INVOL	1.003	0.229	4.375	0.000**	0.083	0.101	0.817	0.415
SC*INVOL	−0.011	0.034	−0.337	0.736	0.087	0.026	3.370	0.001**
FC	0.669	0.193	3.463	0.001**				

续表

	TLWTP				FC			
	β	SE	t 值	P 值	β	SE	t 值	P 值
FC*INVOL	−0.085	0.055	−1.544	0.123				
样本量	370				370			
R²	0.583				0.436			
调整 R²	0.576				0.430			
F 值	F （5, 364）=101.814, P=0.000				F （3, 366）=94.245, P=0.000			

（来源：作者根据 SPSSAU 整理）

（注释：** 表示 P 值小于 0.01；* 表示 P 值小于 0.05）

（四）调节中介效应检验

应用 SPSSAU 中的调节中介模块，通过 Model 7（见图 5-10）进一步对旅游涉入的调节中介效应进行分析。表 5-24 中，交互项 SC*INVOL 对 FC 影响效应 P 值为 0.001，小于 0.01，影响效应显著，说明旅游涉入对 SC→FC 路径有调节作用。FC 对 TLWTP 影响效应 P 值为 0.000，小于 0.01，影响效应显著。说明 FC 对 SC 与 TLWTP 的中介效应受到了旅游涉入的调节，调节中介作用成立。表 5-25 中，针对 FC 这一中介变量，旅游涉入在低水平时，Boot 95%CI 包括数字 0，说明在此水平时没有中介作用；旅游涉入在平均值水平时，Boot 95%CI 并不包括数字 0，说明在此水平时具有中介作用，且效应（Effect）值为 0.106；旅游涉入在高水平时，boot 95%CI 并不包括数字 0，说明在此水平时具有中介作用，且效应（Effect）值为 0.167。

进一步通过调节中介指数进行验证，表 5-26 中，Boot LLCI 和 Boot ULCI 不包括数字 0，说明旅游涉入调节中介作用指数显著，即说明具有调节中介作用。

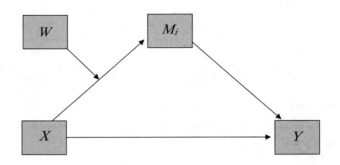

图 5-10　Model 7

（来源：SPSS PROCESS）

（注释：X 为自变量，Y 为因变量，M_i 为中介变量，W 为调节变量。调节变量 W 仅针对 $X \longrightarrow M_i$ 这一条路进行调节）

表 5-24　Model 7 对旅游涉入的调节中介效应回归模型汇总

	TLWTP				FC			
	β	SE	t 值	P 值	β	SE	t 值	P 值
常数	0.071	0.253	0.281	0.779	3.417	0.347	9.846	0.000**
SC	0.098	0.046	2.147	0.032*	−0.193	0.095	−2.031	0.043*
INVOL					0.083	0.101	0.817	0.415
SC*INVOL					0.087	0.026	3.370	0.001**
FC	0.809	0.063	12.940	0.000**				
样本量	370				370			
R^2	0.391				0.436			
调整 R^2	0.386				0.430			
F 值	F（2，367）=117.825，P=0.000				F（3，366）=94.245，P=0.000			

（来源：作者根据 SPSSAU 整理）

（注释：** 表示 P 值小于 0.01；* 表示 P 值小于 0.05）

表 5-25　条件间接效应结果

中介变量	水平	水平值	Effect	BootSE	BootLLCI	BootULCI
FC	低水平（−1SD）	2.874	0.046	0.043	−0.028	0.138
	平均值	3.733	0.106	0.029	0.052	0.166
	高水平（+1SD）	4.592	0.167	0.035	0.096	0.236

（来源：作者根据 SPSSAU 整理）

（注释：BootLLCI 指 Bootstrap 抽样 95% 区间下限，BootULCI 指 Bootstrap 抽样 95% 区间上限，Bootstrap 类型为百分位 Bootstrap 法）

表 5-26　调节中介指数

调节变量	中介变量	Index	BootSE	BootLLCI	BootULCI
INVOL	FC	0.070	0.031	0.001	0.124

（来源：作者根据 SPSSAU 整理）

（五）SC 和 FC 对主题公园游客忠诚度效应大小比较

首先应用 AMOS 24 结构方程中的嵌套模型对 SC、FC 对 TLWTP 的作用效应大小进行对比。Default model 为未限定模型，Model Number 1 为限定模型，限定 SC 和 FC 对 TLWTP 的回归系数 a 和 b 相等。表 5-27 显示 Default model 和 Model Number 1 拟合指标良好。通过限定模型和非限定模型对比（见表 5-28），自由度（DF）差异为 1，卡方（CMIN）差异为 52.927，P 值分别为 0.000，小于 0.01，卡方差异显著，说明限定模型和非限定模型差异显著，拒绝 SC 和 FC 对 TLWTP 的回归系数相等的虚无假设。由表 5-29 可知，SC 和 FC 对 TLWTP 回归系数 a 与 b 差异的临界比值为 6.875，大于 1.96，表示 SC 和 FC 对 TLWTP 的回归系数有显著差异。表 5-30 显示 FC 对 TLWTP 的回归系数大于 SC 对 TLWTP 的回归系数，表明 FC 对 TLWTP 比 SC 有更大的影响，支持研究假设 H5。另外，通过两个变量的总效应比较，SC 对 TLWTP 的总效应为 0.028，FC 对 TLWTP 的总效应为 0.696，FC 总效应依然大于 SC。虽然如此，如前所述，SC 对 FC 具有显著正向影响，能解释 FC24.1% 的变差，通过影响 FC 对 TLWTP 产生间接效应。

表 5-27 模型拟合指标

常用指标	卡方自由度比 χ^2/df	GFI	RMSEA	RMR	CFI	NFI	TLI
判断标准	<3	>0.9	<0.08	<0.05	>0.9	>0.9	>0.9
Default model	2.266	0.927	0.059	0.028	0.972	0.952	0.966
Model Number 1	2.715	0.917	0.068	0.057	0.962	0.942	0.954

（来源：作者根据 AMOS 24 结果绘制）

表 5-28 嵌套模型比较

Model	DF	CMIN	P	NFI Delta-1	IFI Delta-2	RFI rho-1	TLI rho2
Model Number 1	1	52.927	0.000	0.010	0.010	0.012	0.012

（来源：作者根据 AMOS 24 结果绘制）

表 5-29 回归系数间差异的临界比值

	a	b
a	0.000	
b	6.875	0.000

（来源：作者根据 AMOS 24 结果绘制）

表 5-30 回归系数

			Estimate	S.E.	C.R.	P	Label
TLWTP	<——	SC	0.028	0.063	0.514	0.607	a
TLWTP	<——	FC	0.696	0.121	9.374	***	b

（来源：作者根据 AMOS 24 结果绘制）

（注释：*** 表示 P 值小于 0.001）

（六）假设检验结果汇总

上述假设检验结果汇总如表 5-31 所示。

表 5-31　假设检验结果

序号	假设	检验结果
1	H1：自我一致性对主题公园游客忠诚度有直接正向的影响	拒绝
2	H2：功能一致性对主题公园游客忠诚度有直接正向的影响	接受
3	H3：主题公园自我一致性对功能一致性有直接正向的影响	接受
4	H4：功能一致性对自我一致性与主题公园游客忠诚度之间的关系有中介作用	接受
5	H5：功能一致性对主题公园游客忠诚度直接正向的影响大于自我一致性的影响	接受
6	H6a：自我一致性对主题公园回头游客忠诚度的影响与对首次游客的影响无差异	接受
7	H6b：功能一致性对主题公园回头游客忠诚度的影响与对首次游客的影响无差异	接受
8	H7a：自我一致性对主题公园高涉入游客忠诚度的影响大于对低涉入游客的影响	拒绝
9	H7b：功能一致性对主题公园高涉入游客忠诚度的影响小于对低涉入游客的影响	拒绝
10	H7c：自我一致性对主题公园高涉入游客功能一致性的影响大于对低涉入游客的影响	接受
11	H7d：旅游涉入对功能一致性在自我一致性与主题公园游客忠诚度之间的关系具有中介调节作用	接受
12	H8：自我一致性对主题公园过夜游客忠诚度的影响大于对不过夜游客的影响	拒绝

（来源：作者自绘）

第六章
总结及不足之处

一、结论与讨论

第一，自我一致性对功能一致性具有直接正向的影响。印证了详尽可能性模型（ELM）、抽象认知图式和具体认知图式以及心理动力学理论，印证了相关学者在一般消费领域和一些旅游情境对二者关系探讨的结论（Sirgy，等，1991；Sirgy 和 Su，2000；Hung，Petrick，2011；Hung，Petrick，2012；Kang，2013；Kumar，2014；Lee 等，2017；Sop，2019；Wang 等，2021；Rao 等，2022；Usakli，2022；Wu 和 Lai，2022；Zhou 等，2022）。说明主题公园自我一致性对功能一致性会产生偏见效应，主题公园象征性价值的表征会影响游客对主题公园功能属性的感知，自我一致性程度越高，其对功能属性感知的积极影响越大，与理想中的功能属性的一致性程度就越高，反之则越低。另外，本研究自我一致性解释功能一致性 24.1% 的变差，高于 Hung 和 Petrick（2011）对邮轮旅游情境的研究（仅为 2.4%）以及 Zhou 等对于红色旅游目的的研究（21.6%）。原因可能与自我一致性对主题公园游客忠诚度的效应完全被功能一致性中介有关，这给后续研究提供了新的参考依据。

第二，功能一致性在自我一致性和主题公园游客忠诚度之间的关系具有中介作用。这种中介作用研究,除了 Usakli(2022)、Rao(2022)等的研究外,在以前的文献中很少涉及。该研究结论说明自我一致性通过功能一致性对主题公园游客忠诚度产生间接效应,其作用机制是自我概念与主题公园形象的一致性会促使游客形成一种初始的积极态度,进而积极影响游客对主题公园功能形象的评价,最终对忠诚度产生积极影响。自我一致性、功能一致性共能解释主题公园游客忠诚度 50.4% 的变差,同样高于 Hung 和 Petrick(2011)的研究(13.3%),证明自我一致性和功能一致性在解释主题公园游客忠诚度方面的效力。

第三,功能一致性对主题公园游客忠诚度有直接正向的影响。说明主题公园产品特性和服务质量等功能属性与游客理想中的水平越接近,游客的忠诚度越高。对于主题公园来说,对游客忠诚度有影响的功能构成要素分为旅游吸引要素和旅游服务要素,旅游吸引要素包括环境优美度、项目多样性、项目品质、主题性、服务设施等指标,旅游服务要素包括服务人员、清洁卫生、安全性等指标,交通和价格指标则对游客忠诚度的影响并不显著。说明主题公园游客忠诚度主要取决于主题公园本身内在的一种吸引力和服务水准。交通便利、距离近以及价格折扣也许能引来客人重游,但并不代表主题公园本身的吸引力和服务水准,并不影响游客忠诚度。

第四,功能一致性对主题公园游客忠诚度的影响大于自我一致性的影响,这印证了 Ahn(2013)、Sop(2019)的实证成果。这说明,尽管主题公园被视为象征性景观,体现了来自各种形式媒体的文化叙事,如故事、书籍、戏剧和电影,使游客能够充分参与这些叙事之中(King,2002),尽管自我一致性的概念与在主题公园的背景下的消费具有关联性,因为它与主题公园产品的象征价值密切相关,主题公园体验被广泛认为是塑造个人自我认同的一个重要因素,顾客在这些环境中的积极参与是一种自我表达和自我定义的手段(Clavé,2007),但主题公园的功能一致性这一传统的解释游客忠诚度的重要因素,仍是游客所最看重的因素。这可能与旅游产品的类型、属性有关系,大部分主题公园是一种以功能属性为主导的旅游产品,不同于电影旅游目的地、红色旅游目的地等象征性极强的景观,电影旅游目的地、红色旅游目的地自我一致性的影响皆大于功能一致性(Wu 和 Lai,2022;Zhou 等,2022)。

第五,自我一致性未能对主题公园游客忠诚度产生直接效应,这与 Ahn 等

（2013）的研究结论类似，原因有以下几点。首先，游客更倾向于用功能属性来评价旅游目的地，因为功能属性具体、可见，游客期待他们需要的实用功能性能够得到即时满足，旅游目的地的功能属性对游客来说意义重大。其次，游客更容易处理旅游目的地功能属性方面的信息，因为它是与游客最基本的心理需要（如放松、逃避现实等）做比较，而非与潜意识中很难表达的抽象需要（如自我一致性等）（Ahn，2013）做比较。另外，按照 Ahn 等（2013）的观点，本研究中使用的无锡主题公园可能没有包含足够的信息来唤起该主题公园的象征意义。

第六，旅游经历对自我一致性与主题公园游客忠诚度之间的关系以及功能一致性与主题公园游客忠诚度之间的关系没有调节作用，印证了 Phuong 等人（2022）的研究结论和观点。

第七，停留时间（过夜/不过夜）对自我一致性与主题公园游客忠诚度之间的关系的调节作用未能得到证实。可能的原因是游客住宿的象征性消费特征不明显，自我一致性动机不强烈，住宿对主题公园积极形象增强效应不明显。另外，与自我一致性对主题公园游客忠诚度没有直接效应应当也有一定的关系。

第八，旅游涉入对自我一致性与功能一致性之间关系的调节效应以及对功能一致性在自我一致性与主题公园游客忠诚度之间关系的中介效应的调节作用得到证实。因此，如果游客旅游涉入高，这项活动被认为是表达他们的个性和自我概念，可能会激励他们积极评价主题公园的功能特征，自我一致性对功能一致性的直接影响和对主题公园游客忠诚度的间接影响大。相反，当游客表现出低水平的旅游涉入，则说明这项活动与游客的自我概念无关，可能不会激励他们对主题公园的功能特征做出积极评价，自我一致性对功能一致性的直接影响和对主题公园游客忠诚度的间接影响小。旅游涉入对自我一致性与主题公园游客忠诚度之间关系以及对功能一致性与主题公园游客忠诚度之间关系的调节作用没有得到证实，这可能与自我一致性对主题公园游客忠诚度没有直接效应以及旅游涉入已经通过自我一致性影响了功能一致性有关。

二、管理启示

（一）提高自我一致性

通过上述研究结论可知，自我一致性对功能一致性具有直接正向的作用，并通过功能一致性对主题公园游客忠诚度产生间接效应。因此，可以从提高游客自我一致性的角度着手，加强主题公园的管理和营销，提高主题公园游客忠诚度。

（1）在市场定位方面，主题公园营销人员应了解旅游目标市场的自我形象、自我人格，通过塑造与其一致的主题公园象征性形象（情感形象、品牌个性或典型游客形象），以维持、强化或提升游客自我形象、自我人格。

（2）在旅游产品设计方面，打造主题产品，注重整体性、系统性，涵盖组织文化、服务氛围、员工、互动活动等体验元素，强化游客旅游体验，创造主题公园与游客自我概念的共鸣点，提升自我一致性程度。

（3）在营销传播方面，以不同的宣传元素组合（电视广告、节事、代言人、社交媒体等）不断地传达主题公园象征性形象。评估在线和离线平台上的游客反馈和评论，了解主题公园在游客眼中的形象和个性，搜集形象和个性形容词，识别与主题公园相关的优势或弱点。例如，如果主题公园与积极的形容词有关，营销人员应当确保这些积极的形容词在营销材料中有所呈现。如果出现负面形容词，营销人员可以通过提供解构这些刻板印象的营销信息来打破游客心中的这些负面刻板印象。根据详尽可能性模型（ELM），作为外围路线说服的结果，自我一致性预计会最初发生，并影响作为中心路线说服结果的功能一致性（Kang 等，2013）。Vinson，Scott 和 Lamont（1977）的研究表明，通过自我一致性的外围路线进行说服是短暂的，需要不断提醒游客主题公园品牌形象和自我形象之间的联系，持续的提醒可能足以暂时改变游客的态度。一旦游客通过外围路线改变态度，他们处理有关该品牌的后续信息的动机和能力都可能得到提高。随后，游客可能会通过中心路线追求功能一致性。从无锡主题公园问卷调查结果的词云可知，大多数受访者认为，主题公园的典型游客是快乐的人（见图 6-1），受访者自认为也是快乐的人（见图 6-2），并且做一个快乐的人是他们理想的自我形象（见图 6-3）。在促销活动中，一张具

有自己主题公园特色的体现快乐的游玩图片必然会有利于增加这个市场的自
我认同感。

图 6-1 主题公园典型游客人格形象词云

（来源：问卷星根据问卷数据生成）

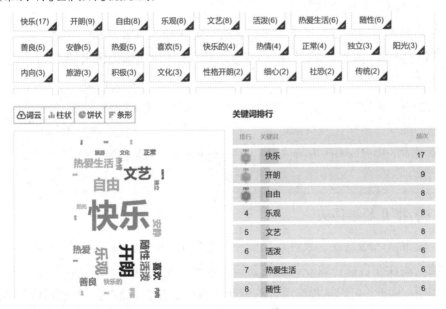

图 6-2 游客实际人格形象词云

（来源：问卷星根据问卷数据生成）

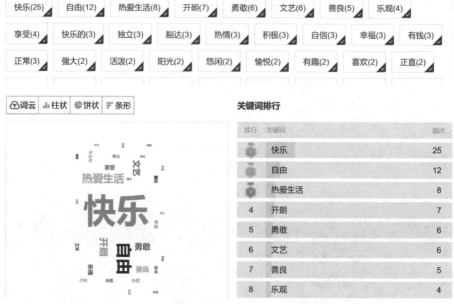

快乐(25)	自由(12)	热爱生活(8)	开朗(7)	勇敢(6)	文艺(6)	善良(5)	乐观(4)
享受(4)	快乐的(3)	独立(3)	豁达(3)	热情(3)	积极(3)	自信(3)	幸福(3)	有钱(3)
正常(3)	强大(2)	活泼(2)	阳光(2)	悠闲(2)	愉悦(2)	有趣(2)	喜欢(2)	正直(2)

关键词排行

排行	关键词	频次
	快乐	25
	自由	12
	热爱生活	8
4	开朗	7
5	勇敢	6
6	文艺	6
7	善良	5
8	乐观	4

图 6-3　游客理想人格形象词云

（来源：问卷星根据问卷数据生成）

（二）提高功能一致性

功能属性的满足是主题公园游客忠诚的重要前提和载体。主题公园应不断推进提质改造和创新，以此来满足旅游者的功能形象预期，借此树立良好的口碑，持续发挥功能一致性影响力，提高来访者的忠诚度，增加回头客，提高重游率。依据功能一致性的内涵要素，重点从环境的绿化美化、娱乐及参与活动的品质、多样性及持续创新、主题氛围的营造、设施的完善提升、员工形象素质的提升、园区内清洁卫生及安全性入手，不断提高主题公园的接待水平与质量。

（三）提升旅游涉入

旅游涉入对自我一致性与功能一致性之间关系具有正向调节作用，对于功能一致性在自我一致性与主题公园游客忠诚度之间的中介效应具有正向调节作用。因此，可以从提高游客旅游涉入的角度着手，提高自我一致性对功能一致性的直接效应和对主题公园游客忠诚度的间接效应，进而提高主题公园游客忠诚度。依据旅游涉入的内涵要素，重点从主题公园游玩的价值意义、主题公园与客人的关联性、主题公园游玩项目的吸引力等方面入手，提升游客的旅游涉入。通过打造主题公园特色 IP，精准定位主题公园品牌形象，提升产品的内涵和价值；注重产品和服务的参与性、互动性与融入性，利用现代科技手段打造沉浸式和交互式体验项目，提升体验感，锁定特定消费群体，让游客与主题公园建立黏度，满足游客的情感需求。

三、研究贡献

本研究对主题公园自我一致性、功能一致性、游客忠诚度、旅游经历、旅游涉入、停留时间的关系进行了实证分析，主要贡献如下。

第一，对自我一致性、功能一致性以及自我一致性对功能一致性影响的相关理论背景进行了梳理，为深入理解自我一致性、功能一致性效应以及自我一致性对功能一致性效应的内在机制奠定理论基础。利用 HistiCite 软件，基于从 WoS（Web of Science）数据库中检索到的国际核心期刊文献，对旅游研究中的自我一致性理论进行了系统性文献综述，对自我一致性和功能一致性对旅游行为的效应及其相互之间的关系，以及影响自我一致性和功能一致性效应的中介变量、调节变量进行了系统阐述，以为后续研究者提供参考。

第二，很多文献阐述了自我一致性对功能一致性的偏见效应以及功能一致性对旅游行为的积极影响（Sirgy 和 Su，2000；Hung，Petrick，2011，2012；Kang，2013；Kumar，2014；Lee 等，2017；Sop，2019；Wang 等，2021；Rao 等，2022；Wu 和 Lai，2022；Zhou 等，2022），这为自我一致性可能通过功能一致性对旅游行为产生间接影响、功能一致性具有中介作用奠定了基础。然而，自我一致性的这种间接效应以及功能一致性的中介效应并没有引起旅游和酒店研究人员的注意，只有 Su 和 Reynolds（2017）、Usakli（2022）和 Rao（2022）提出了研究假设，但 Su 和 Reynolds（2017）未能找到支持这一论点的证据，Usakli（2022）和 Rao（2022）证实了功能一致性的部分中介效应。而本研究得出功能一致性完全中介了自我一致性对游客忠诚度的效应，可能与主题公园的旅游情境以及象征性的大小有关。

第三，旅游涉入对自我一致性与功能一致性之间关系的调节效应以及对功能一致性在自我一致性与主题公园游客忠诚之间关系的中介调节作用。不同于以前的旅游研究结论中旅游涉入在自我一致性对旅游行为影响中的调节作用（Beerli，2007；Wang 和 Wu，2011；Pratt 和 Sparks，2014；Huaman-Ramirez，2021），这些研究中自我一致性对旅游行为具有直接的影响。本研究中由于自我一致性对游客忠诚度的直接影响被功能一致性完全中介，自我一致性对游客忠诚度没有直接效应，旅游涉入的调节作用转移到自我一致性对功能一致性的直接效应和对游客忠诚度的间接效应中，这是旅游研究中的一个新的发现。

第四，首次将自我一致性、功能一致性对旅游行为影响的结构方程模型应用于对主题公园游客忠诚度的研究。得出自我一致性对功能一致性具有直接正向的影响、自我一致性对主题公园游客忠诚度没有直接作用、自我一致性对主题公园游客忠诚度的直接作用被功能一致性完全中介、功能一致性对主题公园游客忠诚度具有直接正向的影响、旅游经历和停留时间对变量之间关系没有调节作用、旅游涉入对自我一致性与功能一致性之间的关系具有调节作用、旅游涉入对功能一致性的中介效应具有调节作用等研究结论。得出的研究结论印证、丰富了该领域的研究内容，对主题公园管理与营销具有一定借鉴意义。

第五，通过在调查问卷中增加"您是什么样的人？请用至少三个人格形容词描述""您想成为什么样的人？请用至少三个人格形容词描述"等问题，生成人格形容词词云，对主题公园个性定位及形象营销具有借鉴参考意义，弥补了自我一致性测量新方法不能直接用于设计营销传播以及营销人员不知道主题公园自我一致性基于主题公园何种形象或个性维度的不足之处。

四、研究局限与展望

本研究的数据是通过方便抽样和滚雪球抽样方法相结合的方式收集的。因此，目前的样本不能代表无锡四大主题公园的全部游客，目前的研究结果具有有限的普适性，未来的研究应采用随机抽样方法创建更大的样本量。此外，就目前的研究而言，这些数据是在 2024 年 5 月和 8 月收集的，这可能会引入主题公园形象的季节性偏差。因此，建议全年对样本进行调查。此外，目前的研究结果仅针对无锡四大主题公园，未来的研究应扩展到其他地方主题公园，以获得更具普遍性的结果。问卷问题选项采用李克特 5 级量表法，可能不能精准反映游客的真实感受，下次可以改为李克特 7 级量表。问卷问题较多，自我一致性测量有点抽象，如果游客仓促填写，也可能影响答案对真实情况反映的精准度，因此未来可以应用不同的量表，探索自我一致性与旅游行为的关系，也有必要探索新的自我一致性的操作性定义及测量方式，来验证自我一致性与旅游行为的关系。停留时长的调节效应在本研究中并未得到证实，改进研究方案，增加样本量，细致探讨停留时长对自我一致性、功能一致性与主题公园游客忠诚度之间因果关系的调节效应，是提高后续研究水平的方向。此外，进一步引入其他调节变量、中介变量和控制变量，如个性特征、游客知识、消费情感、文化差异、人口统计学特征、旅游体验、感知价值、满意度等，探索自我一致性、功能一致性对旅游行为的影响机制，也是今后研究的方向。

参考文献

Aaker J，Fournier S.A brand as a character，a partner and a person：Three perspectives on the question of brand personality[J]. Advances in Consumer Research，1995（22）：391-395.

Aaker J L.Dimensions of brand personality[J]. Journal of Marketing Research，1997，34（3）：347-356.

Abelson R P，Aronson E E，McGuire W J，et al.Theories of cognitive consistency：A sourcebook[M].Chicago：Rand-McNally，1968.

Abel J I，Buff C L，Neill J C.Actual self-concept versus idealself-concept[J]. Sport Business and Management，2013（3）：78-96.

Abrams D，Hogg M A.The SAGE handbook of prejudice，stereotyping and discrimination[M].London：SAGE Publications Ltd.，2010.

Afshardoost M，Eshaghi M S.Destination image and tourist behavioural intentions：A meta-analysist[J].Tourism Management，2020（81）：1-10.

Aguirre Rodriguez A，Bosnjak M，Sirgy M J.Moderators of the self-congruity effect on consumer decision-making：A meta-analysis[J].Journal of Business Research，2012，65（8）：1179-1188.

Ahmed Z U.The influence of the components of a state's tourist image on product positioning strategy[J].Tourism Management, 1991, 12（4）: 331-340.

Ahn J.Cognitive antecedents and affective consequences of customers' self-concept in brand management: A conceptual model[J].International Journal of Contemporary Hospitality Management, 2019, 31（5）: 2114-2128.

Ahn T.An investigation of the impact of symbolic-image congruence and functional-image congruence on tourists' destination choice[D].Guildford: University of Surrey（United Kingdom）, 2010.

Ahn T, Ekinci Y, Li G.Self-congruence, functional congruence, and destination choice[J].Journal of Business Research, 2013, 66（6）: 719-723.

Ali F, Kim W G, Li J, et al. Make it delightful: Customers'experience, satisfaction and loyalty in Malaysian theme parks[J].Journal of Destination Marketing & Management, 2018（7）: 1-11.

Altinay L.Market orientation of small ethnic minority-owned hospitality firms[J]. International Journal of Hospitality Management, 2010, 29（1）: 148-156.

Anghel C.The effect of celebrity endorsements on gift-giving purchases: An application of the elaboration likelihood model[D].Tampa: University of South Florida , 2009.

Aronson E.The return of the repressed: Dissonance theory makes a comeback[J]. Psychological Inquiry, 1992, 3（4）: 303-311.

Bachman J R, Hull J S, Marlowe B. Non-economic impact of craft brewery visitors in British Columbia: A quantitative analysis[J].Tourism Analysis, 2021, 26（2-3）: 151-165.

Back K.The effects of image congruence on customers' brand loyalty in the upper middle-class hotel industry[J]. Journal of Hospitality & Tourism Research, 2005, 29（4）: 448-467.

Back K, Parks S C.A brand loyalty model involving cognitive, affective, and conative brand loyalty and customer satisfaction[J].Journal of Hospitality & Tourism Research, 2016, 27（4）: 419-435.

Barrett P.Structural equation modelling: Adjudging model fit[J]. Personality and Individual Differences, 2007, 42（5）: 815-824.

Beerli A, Martin J D.Tourists' characteristics and the perceived image of tourist destinations: A quantitative analysis—a case study of Lanzarote, Spain[J]. Tourism Management, 2004, 25（5）: 623-636.

Beerli A, Meneses G D, Gil S M.Self-congruity and destination choice[J]. Annals of Tourism Research, 2007, 34（3）: 571-587.

Bekk M, Sporrle M, Kruse J.The benefits of similarity between tourist and destination personality[J].Journal of Travel Research, 2016, 55（8）: 1008-1021.

Bentler P M, Bonett D G.Significance tests and goodness of fit in the analysis of covariance structures[J].Psychological Bulletin, 1980, 88（3）: 588-606.

Baumgartner H, Homburg C.Applications of structural equation modeling in marketing and consumer research: A review[J].International journal of Research in Marketing, 1996, 13（2）: 139-161.

Birdwell A.A study of the influence of image congruence on consumer choice[J].The Journal of Business, 1968, 41（1）: 76-88.

Blasio P D, Milani L.Computer-mediated communication and persuasion: Peripheral vs. central route to opinion shift[J].Computers in Human Behavior, 2008, 24（4）: 798-815.

Blummer H.Symbolic interaction[M]. Englewood Cliffs, NJ: Prentice Hall, 1969.

Boksberger P, Dolnicar S, Laesser C, et al.Self-congruity theory: To what extent does it hold in tourism?[J].Journal of Travel Research, 2011, 50（4）: 454-464.

Boley B B, Zachary R, Kyle M W.Functional and self-congruity's influence on lodging choice: A comparison of franchise and independent accommodations[J]. Journal of Hospitality and Tourism Management, 2022（50）: 318-326.

Bollen K A, Long J S.Testing structural equation models[M].London: Sage Publications Ltd., 1993.

Bornmann L, Marx W.HistCite analysis of papers constituting the h index research front[J].Journal of Informetric, 2012, 6（2）: 285-288.

Bosnjak M, Sirgy M J, Hellriegel S, et al.Postvisit destination loyalty judgments: Developing and testing a comprehensive congruity model[J].Journal of Travel Research, 2011, 50（5）: 496-508.

Bowen J T, Chen S L.The relationship between customer loyalty and customer satisfaction[J].International Journal of Contemporary Hospitality Management, 2001, 13（5）: 213-217.

Braverman J.Testimonials versus informational persuasive messages[J]. Communication Research, 2008, 35（5）: 666-694.

Browne R B, Browne P.The guide to United States popular culture[M]. London: Popular Press, 2001.

Brown J D.The self [M]. Chen Haoying, trans. Beijing: Posts &Telecom Press, 2012.

Buchanan J, Shen Y.Gambling and marketing: A systematic literature review using HistCite[J].Accounting & Finance, 2020, 61（2）: 2837-2851.

Buhalis D.Marketing the competitive destination of the future[J].Tourism Management, 2000, 21（1）: 97-116.

Burkart A J, Medlik S.Tourism: Past, present and future[M].Oxford: Butterworth-Heinemann, 1974.

Can A S, Ekinci Y, Dilek-Fidler S.Do blue flag promotions influence tourists'willingness to pay a price premium for coastal destinations?[J].Tourism Management, 2023（98）: 1-12.

Carmen P, Amparo C, Schlesinger W.Analysis of the impact of length of stayon the quality of service experience, satisfaction and loyalty[J].International Review on Public and Nonprofit Marketing, 2017（14）: 253-268.

Chan C S, Liu Y M, Li C Y.Expectation-perception evaluation of theme park service quality in Zhengzhou Fantawild, China[J].Journal of Park and Recreation Administration, 2019, 37（2）: 99-117.

Chatterjee S, Kittur P, Vishwakarma P, et al.What makes customers of airport lounges satisfied and more? Impact of culture and travel class[J].Journal of

Air Transport Management，2023.

Chen C，Phou S.A closer look at destination：Image，personality，relationship and loyalty[J].Tourism Management，2013（36）：269-278.

Chen R X，Zhou Z M，Zhan G，et al.The impact of destination brand authenticity and destination brand self-congruence on tourist loyalty：The mediating role of destination brand engagement[J].Journal of Destination Marketing & Management，2020.

Chen X H，HyunS S，Lee T J.The effects of parasocial interaction，authenticity，and self-congruity on the formation of consumer trust in online travel agencies[J].International Journal of Tourism Research，2022，24（4）：563-576.

Cheng Y S，Wei W，Zhang L.Seeing destinations through vlog：Implications for leveraging customer engagement behavior to increase travel intention[J]. International Journal of Contemporary Hospitality Management，2020，32（10）：3227-3248.

Chi C G，Pan L，Chiappa D.Examining destination personalit：Its antecedents and outcomes[J].Journal of Destination Marketing & Management，2018（9）：149-159.

Chi C G，Qu H L.Examining the structural relationships of destination image，tourist satisfaction and destination loyalty：An integrated approach[J].Tourism Management，2008，29（4）：624-636.

Chon K.Understanding recreational traveler's motivation，attitude and satisfaction[J].The Tourist Review，1989，44（1）：3-7.

Chon K.Self-image destination image congruity[J].Annals of Tourism Research，1992，19（2）：360-363.

Chua B L，Kim H C，LeeS，et al.The role of brand personalit，self-congruity，and sensory experience in elucidating sky lounge users' behavior[J].Journal of Travel &Tourism Marketing，2019，36（1）：29-42.

Churchill Jr G A，Surprenant C.An investigation into the determinants of customer satisfaction[J].Journal of Marketing Research，1982，19（4）：491-504.

Cifci I.Testing self-congruity theory in Bektashi faith destinations：The roles of memorable tourism experience and destination attachment[J].Journal of Vacation

Marketing, 2022, 28（1）: 3-19.

Cifci I, Rather R A, Taspinar O, et al.Demystifying destination attachment, self-congruity and revisiting intention in dark tourism destinations through the gender-based lens[J].Tourism Recreation Research, 2023, 49（6）: 1343-1359.

Clavé S A.The global theme park industry[J].Worldwide Hospitality and Tourism Themes, 2007, 2（3）: 220-237.

Correia A, Kozak M, Reis H.Conspicuous consumption of the elite: Social and self-congruity in tourism choices[J]. Journal of Travel Research, 2016, 55（6）: 738-750.

Cronbach L J, Gleser G C.Assessing similarity between profile[J]. Psychological Bulletin, 1953, 50（6）: 456-473.

Davidson R, Maitland R.Tourism destinations[M].London: Hodder& Stoughton, 1997.

Dick A S, Basu K.Customer loyalty: Toward an integrated conceptual framework[J].Journal of the Academy of Marketing Science, 1994（22）: 99-113.

Dillehay R C, Insko C A, Smith M B.Logical consistency and attitude change[J].Journal of Personality and Social Psychology, 1966, 3（6）: 646-654.

Ding H M, Hung K P, Peng N, et al.Experiential value of exhibition in the cultural and creative park: Antecedents and effects on CCP experiential value and behavior intentions[J].Sustainability, 2021, 13（13）: 1-15.

Dolich I J.Congruence relationships between self images and product brands[J].Journal of Marketing Research, 1969, 6（1）: 80-84.

Dong P, Siu N Y.Servicescape elements, customer predispositions and service experience: The case of theme park visitors[J].Tourism Management, 2013（36）: 541-551.

Egota T.Exploring the role of advertising in the context of tourist-destination congruity[J].Journal of Travel Research, 2024, 63（3）: 741-754.

Eid R, Kassrawy Y A, Agag G.Integrating destination attributes, political(in) stability, destination image, tourist satisfaction, and intention to recommend: A study of UAE[J].Journal of Hospitality & Tourism Research, 2019, 43（6）:

839-866.

Ekinci Y.From destination image to destination branding: An emerging area of research[J].E-Review of Tourism Research, 2003, 1（2）: 21-24.

Ekinci Y, Dawes P L, Massey G R.An extended model of the antecedents and consequences of consumer satisfaction for hospitality services[J].European Journal of Marketing, 2008, 42（1/2）: 35-68.

Ekinci Y, Sirakaya-Turk E, Preciado S.Symbolic consumption of tourism destination brands[J].Journal of Business Research, 2013, 66（6）: 711-718.

Elshaer I A, Azazz A M, Fayyad S.Authenticity, involvemen, and nostalgia in heritage hotels in the era of digital technology: A moderated meditation model[J].International Journal of Environmental Research and Public Health, 2022, 19（10）: 5784.

English T, Chen S.Culture and self-concept stability: Consistency across and within contexts among Asian Americans and European Americans[J].Journal of Personality and Social Psychology, 2007, 93（3）: 478.

Cadotte E R, Woodruff R B, Jenkins R L. Expectations and norms in models of consumer satisfaction[J].Journal of Marketing Research, 1987, 24（3）: 305-314.

Ferdinand A T.Destination authentic value advantage: An SDL perspective[J]. Management & Marketing-Challenges for the Knowledge Society, 2021, 16（2）: 101-117.

Fornell C.A national customer satisfaction barometer: The Swedish experience[J].Journal of Marketing, 1992（56）: 6–21.

Fotiadis A K.Modifying and applying time and cost blocks: The case of E-Da theme park, Kaohsiung, Taiwan[J]. Tourism Management, 2016（54）: 34-42.

Frias-Jamilena D M, Castaneda-Garcia J A, Del Barrio-Garcia S.Self-congruity and motivations as antecedents of destination perceived value: The moderating effect of previous experience[J].International Journal of Tourism Research, 2019, 21（1）: 23-36.

Frias D M, Castaneda J A, del Barrio-Garcia S, et al.The effect of self-congruity and motivation on consumer-based destination brand equity[J].Journal of Vacation Marketing, 2020, 26（3）: 287-304.

Fridgen J D.Use of cognitive maps to determine perceived tourism regions[J]. Leisure Sciences, 1987, 9（2）: 101-117.

Fu X, Kang J, Hahm J J, et al.Investigating the consequences of theme park experience through the lenses of self-congruity and flow[J].International Journal of Contemporary Hospitality Management, 2020, 32（3）: 1181-1199.

Fu X, Kang J, Tasci A.Self-congruity and flow as antecedents of attitude and loyalty towards a theme park brand[J].Journal of Travel & Tourism Marketing, 2017, 34（9）: 1261-1273.

Fu X X.Existential authenticity and destination loyalty: Evidence from heritage tourists[J].Journal of Destination Marketing & Management, 2019（12）: 84-94.

Gardner B B, Levy S J.The product and the brand[J].Harvard Business Review, 1955, 33（2）: 33-39.

Garfield E, Pudovkin A I, Istomin V S.Algorithmic citation-linked historiography-Mapping the literature of science[C]. Proceedings of the American Society for Information Science and Technology, 2005, 39（1）: 14-24.

Gazley A, Watling L.Me, my tourist-self, and I: The symbolic consumption of travel[J].Journal of Travel & Tourism Marketing, 2015, 32（6）: 639-655.

Gomez-Rico M, Molina-Collado A, Santos-Vijande M L, et al. Motivations, self-congruity and restaurant innovativeness as antecedents of a creative-food tourism experience: The moderating effect of first-time and repeat tourists[J].British Food Journal, 2022, 124（2）: 406-429.

Gopal Vasanthi, Soundrarajan V, Nawaz N, et al.Passenger satisfaction with cleanliness and other service quality dimensions and gender as a moderator: Evidence from Indian railways[J].Cogent Business & Management, 2023.

GraeffT R.Image congruence effectson product evaluations: The role of self-monitoringand public/ private consumption[J].Psychology & Marketing, 1996, 13

（5）：481-499.

Graeff T R.Consumption situations and the effects of brandimage on consumers' brand evaluations[J].Psychology & Marketing, 1997, 14（1）：49-70.

Guervos R A, Frías Jamilena D M, Polo, et al. Influence of tourist geographical context on customer-based destination brand equity: An empirical analysis[J]. Journal of Travel Research, 2020, 59（1）：107-119.

Gunn C A.Tourism planning: Basics, concepts, cases[M]. Washington, DC：Taylor & Francis, 1988.

Guo Y B, Cao Z, Zhu Z F.The influence of ICH-narrator/self-congruity on tourist's purchase intention of intangible cultural heritage products in a narrative context[J].Journal of Hospitality and Tourism Management, 2022（52）：151-160.

Guo Y L, Hsu F C.Branding creative cities of gastronomy: The role of brand experience and the influence of tourists' self-congruity and self-expansion[J]. British Food Journal, 2023, 125（8）：2803-2824.

Han H, Back K J. Relationships among image congruence, consumption emotions, and customer loyalty in the lodging industry[J]. Journal of Hospitality & Tourism Research, 2008, 32（4）：467-490.

Han H, Moon H, Kim W.The influence of international tourists' self-image congruity with a shopping place on their shopping experiences[J].Journal of Hospitality and Tourism Management, 2019（41）：101-109.

Han J.The impact of self-concept/product-image congruity and functional congruity on brand preference: Three product categories[J].International Journal of Sport Management, 2006.

Han S H, Ekinci Y, Chen C, et al.Antecedents and the mediating effect of customer-restaurant brand identification[J].Journal of Hospitality Marketing & Management, 2020, 29（2）：202-220.

Hashemi S, Marzuki A, Mohammed H J, et al.The effects of perceived conference quality on attendees' behavioural intentions[J].Anatolia-International Journal of Tourism and Hospitality Research, 2020, 31（3）：360-375.

Heale R, Twycross A.Validity and reliability in quantitative studies[J].

Evidence-Based Nursing, 2015, 18（3）: 66-67.

Heesacker M, Petty R E, Cacioppo J T.Field dependence and attitude change: Source credibility can alter persuasion by affecting message-relevant thinking[J]. Journal of Personality, 1983, 51（4）: 653-666.

Hein S G, Riegel C D.Hospitality industry professionals' perceptions of the importance of content areas in the finance and accounting curriculum[J].The Journal of Hospitality Financial Management, 2011, 19（2）: 1-22.

Heskett J L, Jones T O, Loveman G W, et al.Putting the service-profit chain to work[J].Harvard Business Review, 1994, 72（2）: 164-174.

Hogan R, JonesW H, Cheek J M.Socioanalytic theory: An alternative to armadillo psychology[J].The Self and Social Life, 1985（175）: 198.

Holbrook M B, Hirschman E C.The experiential aspects of consumption: Consumer fantasies, feelings, and fun[J]. Journal of Consumer Research, 1982, 9（2）: 132-140.

Holland J.Risk to self: Self-congruity in cruise decision-making[J].Journal of Vacation Marketing, 2023, 29（1）: 22-37.

Hong J W, Zinkhan G M.Self-concept and advertising effectiveness: The influence of congruency, conspicuousness, and response mode[J].Psychology & Marketing, 1995, 12（1）: 53-77.

Hosany S, Martin D.Self-image congruence in consumer behavior[J].Journal of Business Research, 2012, 65（5）: 685-691.

Huaman-Ramirez R.Self-congruity and domestic tourists' attitude: The role of involvement and age[J].Anatolia-International Journal of Tourism and Hospitality Research, 2021, 32（2）: 303-315.

Huaman-Ramirez R, Merunka D, Maaninou N.Destination personality effects on tourists' attitude: The role of self-congruity and ambiguity tolerance[J]. Journal of Strategic Marketing, 2023, 31（1）: 74-98.

Huang Z W, Zhang C Z, Hu J.Destination brand personality and destination brand attachment-the involvement of self-congruence[J].Journal of Travel & Tourism Marketing, 2017, 34（9）: 1198-1210.

Hung K，Petrick J E.Testing the effects of congruity，travel constraints，and self-efficacy on travel intentions：An alternative decision-making model[J].Tourism Management，2012，33（4）：855-867.

Hung K，Petrick J F.The role of self-and functional congruity in cruising intentions[J].Journal of Travel Research，2010，50（1）：100-112.

Hung K P，Chen A，Peng N. The symbolic consumption of cultural quarters[J].Tourism Analysis，2019，24（2）：131-145.

Hupp E L.Perception of Self，generalized stereotypes，and brand selection[J]. Journal of Marketing Research，1968，5（1）：58-63.

James W.The principles of psychology[M].Tian Ping，trans. Beijing：China City Press，2012：189-259.

James J.The heart makes the mouse：Disney's approach to brand loyalty[J]. Journal of Brand Strategy，2013，2（1）：16-20.

James J，Zboja J J，Laird M D，et al.The moderating role of consumer entitlement on the relationship of value withcustomer satisfaction[J].Journal of Consumer Behaviour，2016，15（3）：216-224.

Japutra A，Molinillo S，Ekinci Y.Do stereotypes matter for brand attachment?[J].Marketing Intelligence & Planning，2021，39（4）：501-515.

Jeong E，Jang S.The affective psychological process of self-image congruity and its influences on dining experience[J].International Journal of Contemporary Hospitality Management，2018，30（3）：1563-1583.

Jeou-Shyan H，Hsuan H，Chih-Hsing L，et al.Competency analysis of top managers in the Taiwanese hotel industry[J].International Journal of Hospitality Management，2011，30（4）：1044-1054.

Johar J S，Sirgy M J.Value-expressive versus utilitarian advertising appeals：When and why to use which appeal[J].Journal of Advertising，1991，20（3）：23-33.

Joo D，Woosnam K M，Lee S，et al.Destination loyalty as explained through self-congruity，emotional solidarity，and travel satisfaction[J].Journal of Hospitality and Tourism Management，2020（45）：338-347.

Kachwala T, Bhadra A, Bali A, et al.Measuring customer satisfaction and service quality in tourism industry[J].SMART Journal of Business Management Studies, 2018, 14（1）: 42-48.

Kang J, Tang L, Lee J Y.Self-congruity and functional congruity in brand loyalty[J].Journal of Hospitality & Tourism Research, 2013, 39（1）: 105-131.

Kang J, Tang L, Lee J Y, et al.Understanding customer behavior in name-brand Korean coffee shops: The role of self-congruity and functional congruity[J]. International Journal of Hospitality Management, 2012, 31（3）: 809-818.

Kar G H, Litvin S W.Individualism/collectivism as a moderating factor to the self-image congruity concept[J].Journal of Vacation Marketing, 2003, 10（1）: 23-32.

Kastenholz E.Assessment and role of destination-self-congruity[J].Annals of Tourism Research, 2004, 31（3）: 719-723.

Khan M A, Olsen M D, Var T.VNR's encyclopedia of hospitality and tourism[M].New York: Van Nostrand Reinhold Co., 1993.

Kim B, Cho E.Effects of self-congruence, self-enhancement, and delight on tourists' patronage intentions, and moderating roles of personality propensities[J]. International Journal of Hospitality & Tourism Administration, 2022, 24（4）: 590-613.

Kim H, Richardson S L.Motion picture impacts on destination images[J]. Annals of Tourism Research, 2003, 30（1）: 216-237.

Kim S.Audience involvement and film tourism experiences: Emotional places, emotional experiences[J].Tourism Management, 2012, 33（2）: 387-396.

Kim J, Kizildag M.M-learning: Next generation hotel training system[J]. Journal of Hospitality and Tourism Technology, 2011, 2（1）: 6-33.

Kim M, Thapa B.The influence of self-congruity, perceived value, and satisfaction on destination loyalty: A case study of the Korean DMZ[J].Journal of Heritage Tourism, 2018, 13（3）: 224-236.

King M J.The theme park: Aspects of experience in a four-dimensional landscape[J]. Material Culture，2002，34（2）：1-15.

Kressmann F，Sirgy M J，Herrmann A，et al.Direct and indirect effects of self-image congruence on brand loyalty[J]. Journal of Business Research，2006，59（9）：955-964.

Kumar V，Nayak J K.The role of self-congruity and functional congruity in influencing tourists' post visit behaviour[J].Advances in Hospitality and Tourism Research，2014，2（2）：24-44.

Kumar V.Examining the role of destination personality and self-congruity in predicting tourist behavior[J].Tourism Management Perspectives，2016（20）：217-227.

Lamone R P.The use of the semantic differential in a study of self image，product image，and the prediction of consumer choice[M].Xhapel Hill：The University of North Carolina at Chapel Hill，1967.

Lari L，Jabeen F，Iyanna S. Prioritising theme park service quality in Islamic contexts：An analytic hierarchy process approach [J].International Journal of Culture Tourism and Hospitality Research，2020，14（2）：225-237.

Laurie Murphy，Benckendorff P，Moscardo G.Linking travel motivation，tourist self-Image and destination brand personality[J].Journal of Travel & Tourism Marketing，2007，22（2）：45-59.

Lee D，Hyman M R.Hedonic/functional congruity between stores and private label brands[J].Journal of Marketing Theory and Practice，2014，16（3）：219-232.

Lee J，Yi J，Kang D，et al.The effect of travel purpose and self-image congruency on preference toward airline livery design and perceived service quality[J].Asia Pacific Journal of Tourism Research，2018，23（6）：532-548.

Lee S，Chua B L，Kim H C，et al.Shaping and enhancing airport lounge experiences：The application of brand personality and image congruity theories[J]. International Journal of Contemporary Hospitality Management，2017，29（11）：2901-2920.

Lee W，Sung H，Suh E，et al.The effects of festival attendees' experiential values and satisfaction on re-visit intention to the destination[J].International Journal of Contemporary Hospitality Management, 2017, 29（3）: 1005-1027.

Lehto X Y, Morrison A M, et al. The effect of prior experience on vacation behavior[J].Annals of Tourism Research, 2004, 31（4）: 801-818.

Levy S J.Symbols for sale[J]. Harvard Business Review, 1959, 37（4）: 117-124.

Li B, Zhang T, Hua N, et al.developing an overarching framework on theme park research: A critical review method[J].Current Issues in Tourism, 2020, 24（20）: 2821-2837.

Li K F, Ji C L, He Q Y, et al.Understanding the sense-making process of visitor experience in the integrated resort setting: Investigating the role of experience-centric attributes[J].International Journal of Tourism Research, 2023, 25（5）: 491-505.

Lindquist J D, Sirgy M J.Shopper, buyer & consumer behavior: Theory and marketing Applications[M].New Delhi: Dreamtech Press, 2003.

Li M H, Lai I K W.Actual self-image versus ideal self-image: An exploratory study of self-congruity effects on gambling tourism[J].Frontiers in Psychology, 2021.

Li X, Liu J M, Su X W.Effects of motivation and emotion on experiential value and festival brand equity: The moderating effect of self-congruity[J].Journal of Hospitality and Tourism Management, 2021（49）: 601-611.

Litvin S W, Goh H K.Self-image congruity: A valid tourism theory?[J]. Tourism Management, 2002, 23（1）: 81-83.

Litwin M S, Fink A. How to measure survey reliability and validity[M]. London: SAGE Publications Ltd., 1995.

Liu C, Lin W, Wang Y.Relationship between self-congruity and destination loyalty: Differences between first-time and repeat visitors[J].Journal of Destination Marketing & Management, 2012, 1（1/2）: 118-123.

Liu Z H, Huang S S, Liang S Y.Does brand personification matter in consuming tourism real estate products? A perspective on brand personality, self-congruity and brand loyalty[J].Journal of China Tourism Research, 2019, 15（4）: 435-454.

Luna-Cortes G, Lopez-Bonilla L, Lopez-Bonilla J M.The influence of social value and self-congruity on interpersonal connections in virtual social networks by Gen-Y tourists[J]. Public Library of Science One, 2019.

Malek K, Kim W.Effects of self-congruity and destination image on destination loyalty: The role of cultural differences[J].Anatolia, 2017, 28(1): 1-13.

Malhotra N K.Self concept and product choice: An integrated perspective[J]. Journal of Economic Psychology, 1988, 9（1）: 1-28.

Mano H, Oliver R L.Assessing the dimensionality and structure of the consumption experience: Evaluation, feeling, and satisfaction[J]. Journal of Consumer research, 1993, 20（3）: 451-466.

Mantel S P, Machleit K A.Emotional response and shopping satisfaction: Moderating effects of shopper attributions[J].Journal of Business Research, 2001, 54（2）: 97-106.

Markus H, Wurf E.The dynamic self-concept: A social psychological perspective[J].Annual Review of Psychology, 1987, 38（1）: 299-337.

Markus H R, Kitayama S.Culture and the self: Implications for cognition, emotion, and motivation[J]. Psychological Review, 1991, 98（2）: 224.

Mason J B, Mayer M L.The problem of the self-concept in store image studies[J].Journal of Marketing, 1970, 34（2）: 67-69.

Matzler K, Strobl A, Stokburger-Sauer N, et al.Brand personality and culture: The role of cultural differences on the impact of brand personality perceptions on tourists' visit intentions[J].Tourism Management, 2016（52）: 507-520.

Medlik S, Middleton V T C.Product formulation in tourism[J]. Tourism and Marketing, 1973, 13（1）: 138-154.

Meeprom S, Fakfare P.Unpacking the role of self-congruence, attendee engagement and emotional attachment in cultural events[J].International Journal of Event and Festival Management, 2021, 12（4）: 399-417.

Mehta A.Using self-concept to assess advertising effectiveness[J].Journal of Advertising Research, 1999, 39（1）: 81.

Miles M B, Huberman A M.Qualitative data analysis: An expanded sourcebook[M].London: SAGE Publications Ltd., 1994.

Milman A.Evaluating the guest experience at theme parks: An empirical investigation of key attributes[J].International Journal of Tourism Research, 2009, 11（4）: 373-387.

Milman A, Li X, Wang Y, et al. Examining the guest experience in themed amusement parks: Preliminary evidence from China[J].Journal of Vacation Marketing, 2012, 18（4）: 313-325.

Milman A, Tasci A.Exploring the experiential and sociodemographic drivers of satisfaction and loyalty in the theme park context[J].Journal of Destination Marketing & Management, 2017（8）: 385-395.

Moons I, De Pelsmacker P, Barbarossa C.Do personality-and self-congruity matter for the willingness to pay more for ecotourism? An empirical study in Flanders, Belgium[J].Journal of Cleaner Production, 2020.

Nam J, Ekinci Y, Whyatt G.Brand equity, brand loyalty and consumer satisfaction[J].Annals of Tourism Research, 2011, 38（3）: 1009-1030.

Nam S, Oh Y, Hong S, et al.The moderating roles of destination regeneration and place attachment in how destination image affects revisit intention: A case study of incheon metropolitan city[J].Sustainability, 2022, 14（7）: 3839.

Neal J D.The effect of length of stay on travelers' perceived satisfaction with service quality[J]. Journal of Quality Assurance in Hospitality and Tourism, 2003, 4（3/4）: 167–176.

Nguyen D T, Nguyen T T H, Nguyen K O, et al. Brand personality and revisit intention: The mediating role of tourists' self-image congruity[J].Tourism and Hospitality Management, 2023, 29（2）: 235-248.

Oliveira M G, Mendes G H.A bibliometric analysis of the fuzzy front-end of innovation using the HistCite software[J]. Product: Management and

Development，2014，12（2）：114-131.

Oliver R L.Effect of expectation and disconfirmation on postexposure product evaluations：An alternative interpretation[J].Journal of Applied Psychology，1977，62（4）：480.

Reynoso J.Satisfaction：A behavioral perspective on the consumer[J].Journal of Service Management，2010，21（4）：549-551.

Oliver R L.Whence consumer loyalty?[J].Journal of Marketing，1999（63）：33-44.

Oliver R L，DeSarbo W S.Response determinants in satisfaction judgments[J].Journal of Consumer Research，1988，14（4）：495-507.

Oliver R L，Swan J E.Consumer perceptions of interpersonal equity and satisfaction in transactions：A field survey approach[J].Journal of Marketing，1989，53（2）：21-35.

Olk S.The effect of self-congruence on perceived green claims' authenticity and perceived greenwashing：The case of easyJet's CO_2 promise[J].Journal of Nonprofit & Public Sector Marketing，2021，33（2）：114-131.

Chon K S，Olsen M D.Functional and symbolic congruity approaches to consumer satisfaction/dissatisfaction in consumerism[J].Journal of the International Academy of Hospitality Research，1991（3）：1-25.

Olson J C，Dover P A.Disconfirmation of consumer expectations through product trial[J].Journal of Applied Psychology，1979，64（2）：179.

Omo-Obas P，Anning-Dorson T.Cognitive-affective-motivation factors influencing international visitors' destination satisfaction and loyalty[J].Journal of Hospitality and Tourism Insights，2022，6（5）：2222-2240.

Onkvisit S，ShawJ J.Standardized international advertising-a review and critical-evaluation of the theoretical and empirical-evidence[J].Columbia Journal of World Business，1987，22（3）：43-55.

Onkvisit S，Shaw J.Self-concept and image congruence：Some research and managerial implications[J].Journal of Consumer Marketing，1987，4（1）：13-23.

Oppermann M.Tourism destination loyalty[J].Journal of Travel Research，

2000, 39（1）: 78-84.

Pan L, Zhang M, Gursoy D, et al.Development and validation of a destination personality scale for mainland Chinese travelers[J].Tourism Management, 2017（59）: 338-348.

Papadimitriou D, Apostolopoulou A, Kaplanidou K. Destination personality, affective image, and behavioral intentions in domestic urban tourism[J].Journal of Travel Research, 2015, 54（3）: 302-315.

Parasuraman A, Berry L L, Zeithaml V A.Refinement and reassessment of the SERVQUAL scale[J].Journal of Retailing, 1991, 67（4）: 420.

Parasuraman A, Zeithaml V A, Berry L L.Servqual: A multiple-item scale for measuring consumer perc[J]. Journal of Retailing, 1988, 64（1）: 12.

Park S. A Study on the effects of city brand-self congruity on attitudes toward city and moderating effect of city brand personality[J]. Journal of Digital Convergence, 2019, 17（3）: 129-137.

Petty R E, Cacioppo J T.Communication and persuasion central and peripheral routes to attitude change[M].New York: Springer Verlag, 1986.

Phuong R, Phong D G, Angelina H H, et al.Linking self-congruity, perceived quality and satisfaction to brand loyalty in a tourism destination: The moderating role of visit frequency[J].Tourism Review, 2022, 77（1）: 287-301.

Pool J K, Khodadadi M, Asadi A.The impact of congruence between self-concept and destination personality on behavioural intentions for visiting an islamic-historical destination[J].Tourism and Hospitality Research, 2018, 18（3）: 378-387.

Pratt M A, Sparks B.Predicting wine tourism intention: Destination image and self-congruity[J].Journal of Travel & Tourism Marketing, 2014, 31（4）: 443-460.

Prentice C.Service quality perceptions and customer loyalty in casinos[J]. International Journal of Contemporary Hospitality Management, 2013, 25（1）: 49-64.

Qu Y, Qu H.Nonutilitarian Tourism Destination Positioning: A Case Study in China[J].International Journal of Tourism Research, 2015, 17（4）: 388-398.

Rao X, Qiu H, Morrison A M, et al.Extending the theory of planned behavior with the self-congruity theory to predict tourists' pro-environmental behavioral intentions: A two-case study of heritage tourism[J]. Land, 2022, 11（11）: 2069.

Molina M, Frias-Jamilena D, Castaneda-Garcia J.The moderating role of past experience in the formation of a tourist destination's image and in tourists' behavioural intentions[J].Current Issues in Tourism, 2013, 16（2）: 107-127.

Ross I.Self-concept and brand preference[J].The Journal of Business, 1971, 44（1）: 38-50.

Rusticus S.Content validity[M]//Encyclopedia of quality of life and well-being research.Cham: Springer International Publishing, 2024: 1384-1385.

Rutelione A, Hopeniene R, Zalimiene K.Linking destination brand personality, self-congruity and tourist behaviour: A local spa resort case study[J]. Lex Localis-Journal of Local Self-Government, 2018, 16（2）: 293-310.

Scott-Halsell S, Blum S C, Huffman L.From school desks to front desks: A comparison of emotional intelligence levels of hospitality undergraduate students to hospitality industry professionals[J].The Journal of Hospitality Leisure Sport and Tourism, 2011, 10（2）: 3-13.

Shahabi R, Ghaderi Z, Soltaninasab M, et al.Creative destination, creative cultural experience, and destination brand self-congruence（DBSC）[J].Journal of Policy Research in Tourism, Leisure and Events, 2022, 17（3）: 1-24.

Shamah R A, Mason M C, Moretti A, et al.Investigating the antecedents of African fast food customers' loyalty: A self-congruity perspective[J]. Journal of Business Research, 2018（86）: 446-456.

Shin H, Lee H, Perdue R R.The congruity effects of commercial brand sponsorship in a regional event[J].Tourism Management, 2018（67）: 168-179.

Shoukat M H, Shah S A, Ali R, et al. Mapping stakeholder role in building destination image and destination brand: Mediating role of stakeholder brand engagement[J]. Tourism Analysis, 2023, 28（1）: 29-46.

Siegel L A, Tussyadiah I, Scarles C.Cyber-physical traveler performances and Instagram travel photography as ideal impression management[J].Current Issues in Tourism, 2023, 26（14）: 2332-2356.

Sirakaya E, Sonmez S F, Choi H.Do destination images really matter? Predicting destination choices of student travellers[J].Journal of Vacation Marketing, 2001, 7（2）: 125-142.

Sirakaya E, Woodside A G.Building and testing theories of decision making by travellers[J].Tourism Management, 2005, 26（6）: 815-832.

Sirgy M J.Self-concept in consumer behavior[M].University of Massachusetts Amherst, 1979.

Sirgy M J, Danes J E.Self-image/product-image congruence models: Testing selected models[J].Advances in Consumer Research, 1982.

Sirgy M J.Self-concept in consumer behavior: A critical review[J].Journal of Consumer Research, 1982, 9（3）: 287-300.

Sirgy M J.Self-image/product-image congruity and advertising strategy[C]. Proceedings of the 1982 Academy of Marketing Science （AMS） annual conference. Cham: Springer International Publishing, 1982: 129-133.

Sirgy M J.Self-image/product-image congruity and consumer decision-making[J].International Journal of Management, 1985, 2（4）: 49-63.

Sirgy M J, Prebensen N K, Chen J S, et al.Revisiting self-congruity theory in travel and tourism[J]. Creating Experience Value in Tourism, 2014（63）: 63-78.

Sirgy M J, Lee D J, Yu G B, et al.Self-congruity theory in travel and tourism: Another update[J].Creating Experience Value in Tourism, 2018（2）: 57-69.

Sirgy M J.Promoting quality-of-life and well-being research in hospitality and tourism[J].Journal of Travel & Tourism Marketing, 2019, 36（1）: 1-13.

Sirgy M J, Grewal D, Mangleburg T F, et al. Assessing the predictive validity of two methods of measuring self-image congruence[J].Journal of the Academy of Marketing Science, 1997, 25（3）: 229-241.

Sirgy M J, Su C.Destination image, self-congruity, and travel behavior: Toward an integrative model[J].Journal of Travel Research, 2000, 38（4）: 340-352.

Sirgy M J, Grzeskowiak S, Su C.Explaining housing preference and choice: The role of self-congruity and functional congruity[J].Journal of Housing and the Built Environment, 2005, 20（4）: 329-347.

Smeral E.Tourism satellite accounts: A critical assessment[J]. Journal of Travel Research, 2006（45）: 92-98.

Snyder M.Self-monitoring processes[J].Advances in Experimental Social Psychology, 1979（12）: 85-128.

Song J, Kang J. The relationship between marine sports tourist destinations, social responsibility, and environmentally responsible behavior[J]. Sustainability, 2023, 15（10）: 7739.

Sop S.Self-congruity theory in tourism research: A systematic review and future research directions[J]. European Journal of Tourism Research, 2020（26）: 2604-2604.

Sop S A, Kozak N.Effects of brand personality, self-congruity and functional congruity on hotel brand loyalty[J]. Journal of Hospitality Marketing & Management, 2019, 28（8）: 926-956.

Sparks B, Bradley G, Jennings G.Consumer value and self-image congruency at different stages of timeshare ownership[J].Tourism Management, 2011, 32（5）: 1176-1185.

Spreng R A, MacKenzie S B, Olshavsky R W.A reexamination of the determinants of consumer satisfaction[J]. Journal of Marketing, 1996, 60（3）: 15-32.

Storbacka K, Strandvik T, Grönroos C.Managing customer relationships for profit: The dynamics of relationship quality[J].International Journal of Service Industry Management, 1994, 5（5）: 21-38.

Strandberg C, Styven M E, Hultman M.Places in good graces: The role of emotional connections to a place on word-of-mouth[J]. Journal of Business

Research, 2020（119）: 444-452.

Su N.Effects of brand personality dimensions on consumers' perceived self-image congruity and functional congruity with hotel brands[J].International Journal of Hospitality Management, 2017（66）: 1-12.

Su N, Hu Y, Min H.Image congruity or functional congruity? The moderating effect from the social visibility of hotel consumption at different price levels[J].Journal of Hospitality & Tourism Research, 2019, 43（7）: 961-979.

Su N, Reynolds D.Effects of brand personality dimensions on consumers' perceived self-image congruity and functional congruity with hotel brands[J].International Journal of Hospitality Management, 2017（66）: 1-12.

Suryaningsih I B, Nugraha K S W, Anggita R M.Is cultural background moderating the destination personality and self image congruity relationship of behavioral intention?[J].Jurnal Aplikasi Manajemen, 2020, 18（2）: 353-362.

SwannW B, Stein-Seroussi A, Giesler R B.Why people self-verify[J].Journal of Personality and Social Psychology, 1992, 62（3）: 392.

Tang L.The application of social psychology theories and concepts in hospitality and tourism studies: A review and research agenda[J].International Journal of Hospitality Management, 2014（36）: 188-196.

Thompson J, Taheri B, Scheuring F.Developing esport tourism through fandom experience at in-person events[J]. Tourism Management, 2022.

Tichaawa T M, Idahosa L O.Adapting herzberg: Predicting attendees' motivation, satisfaction, and intention to revisit a festival in cameroon using an ordered logit approach[J].Tourism Review International, 2020, 24（2）: 91-107.

Todd S.Self-concept: A tourism application[J].Journal of Consumer Behaviour: An International Research Review, 2001, 1（2）: 184-196.

Tsang N K F, Lee L Y S, Wong A, et al.THEMEQUAL—Adapting the SERVQUAL scale to theme park services: A case of Hong Kong Disneyland[J]. Journal of Travel & Tourism Marketing, 2012, 29（5）: 416-429.

Tsaur S H, Hsu F S, Ching H W.The impacts of brand personality and self-congruity on consumers' intention to stay in a hotel: Does consumer affinity matter?[J].Journal of Hospitality and Tourism Insights, 2023, 6（1）: 246-262.

Tse D K, Wilton P C.Models of consumer satisfaction formation: An extension[J].Journal of Marketing Research, 1988, 25（2）: 204-212.

Turner J C, Reynolds K J.Self-categorization theory[J]. Handbook of Theories in Social Psychology, 2011, 2（1）: 399-417.

Usakli A, Baloglu S.Brand personality of tourist destinations: An application of self-congruity theory[J].Tourism Management, 2011, 32（1）: 114-127.

Usakli A, Kucukergin K G, Shi D, et al. Does self-congruity or functional congruity better predict destination attachment? A higher-order structural model[J]. Journal of Destination Marketing & Management, 2022.

Voss K E, Spangenberg E R, Grohmann B.Measuring the hedonic and utilitarian dimensions of consumer attitude[J]. Journal of Marketing Research, 2003, 40（3）: 310-320.

Wang C Y, Wu L W.Reference effects on revisit intention: Involvement as a moderator[J].Journal of Travel & Tourism Marketing, 2011, 28（8）: 817-827.

Wang H, Yan J.Effects of social media tourism information quality on destination travel intention: Mediation effect of self-congruity and trust[J]. Frontiers in Psychology, 2022.

Wang S, Hung K, Li M.Development of measurement scale for functional congruity in guest houses[J].Tourism Management, 2018（68）: 23-31.

Wang S, Hung K, Li M L, et al.Developing a customer loyalty model for guest houses in China: A congruity-based perspective[J].Tourism Review, 2021, 76（2）: 411-426.

Wang Y C, Liu C R, Huang W S, et al.Destination fascination and destination loyalty: Subjective well-being and destination attachment as Mediators[J].Journal of Travel Research, 2020, 59（3）: 496-511.

Wang Y C, Qu H L, Yang J.The formation of sub-brand love and corporate brand love in hotel brand portfolios[J]. International Journal of Hospitality Management, 2019（77）: 375-384.

Wassler P, Hung K.Brand-as-person versus Brand-as-user: An anthropomorphic issue in tourism-related self-congruity studies[J].Asia Pacific Journal of Tourism Research, 2015, 20（8）：839-859.

White C J.Ideal standards and attitude formation：A tourism destination perspective[J].International Journal of Tourism Research, 2014, 16（5）：441-449.

William J.The principles of psychology[M]. Brighthouse, 1950.

Woosnam K M, Norman W C.Measuring residents' emotional solidarity with tourists：Scale development of durkheim's theoretical constructs[J].Journal of Travel Research, 2009, 49（3）：365-380.

World Tourism Organization.Concepts, definitions and classifications for tourismstatistics[EB/OL].http：//www.eunwto.org/doi/pdf/10.18111/9789284401031.

Wu J, Tsai H.An explication of HistCiteTM：Updates, modifications, and a variety of applications[J]. Serials Review, 2022, 48（1-2）：41-48.

Wu X, Lai I K W.How destination personality dimensions influence film tourists' destination loyalty：An application of self-congruity theory[J].Current Issues in Tourism, 2022, 26（21）：3547-3562.

Xu X, Pratt S.Social media influencers as endorsers to promote travel destinations：An application of self-congruence theory to the Chinese Generation Y[J]. Journal of Travel & Tourism Marketing, 2018, 35（7）：958-972.

Xue F.The moderating effects of product involvement on situational brand choice[J].Journal of Consumer Marketing, 2008, 25（2）：85-94.

Yamane, Taro.Statistics：An introductory analysis[M]. New York：Harper and Row, 1967.

Yang S, Isa S M, Ramayah T.Does uncertainty avoidance moderate the effect of self-congruity on revisit intention? A two-city（Auckland and Glasgow）investigation[J].Journal of Destination Marketing & Management, 2022.

Yang S, Isa S M, Ramayah T, et al.Developing an extended model of self-congruity to predict Chinese tourists' revisit intentions to New Zealand：The moderating role of gender[J].Asia Pacific Journal of Marketing and Logistics, 2022, 34（7）：1459-1481.

Yang S, Isa S M, Wu H, et al.Examining the role of destination image, self-congruity and trip purpose in predicting post-travel intention: The case of Chinese tourists in New Zealand[J].Revista Argentina de Clinica Psicologica, 2020, 29（5）: 1504-1517.

Yang S, Mohd Isa S, Ramayah T, et al.Effects of brand personality dimensions and self-congruity on revisit intention: A structural equation modeling approach[J]. Journal of Tourism, Hospitality and Environment Management, 2022, 7（29）: 1-7.

Yoon D, Kim Y.Effects of Self-congruity and source credibility on consumer responses to coffeehouse advertising[J].Journal of Hospitality Marketing & Management, 2015, 25（2）: 167-196.

Yuksel A, Yuksel F, Bilim Y.Destination attachment: Effects on customer satisfaction and cognitive, affective and conative loyalty[J].Tourism Management, 2010, 31（2）: 274-284.

Zhang H M, Fu X X, Cai L P, et al.Destination image and tourist loyalty: A meta-analysis[J].Tourism Management, 2014（40）: 213-223.

Zhang S, Kim K, Yim B H, et al. Destination personality and behavioral intention in Hainan's Golf tourism during COVID-19 pandemic: Mediating role of destination image and self-congruity[J]. Sustainability, 2022, 14（11）: 6528.

Zhou L T, Ouyang F, Li Y, et al.Examining the factors influencing tourists' destination: A case of Nanhai Movie Theme Park in China[J]. Sustainability, 2022.

Zhou M J, Yan L, Wang F Y, et al.Self-congruity theory in red tourism: A study of Shaoshan city, China[J]. Journal of China Tourism Research, 2022, 18（1）: 46-63.

Zhou Z, Wang Y, Zhou N.Effects of multidimensional destination brand authenticity on destination brand well-being: Else mediating role of self-congruence[J]. Current Issues in Tourism, 2022.

Zhu C, Fong L H, Shang Z, et al.Rethinking the impact of theme park image on perceived value and behavioral intention: The case of Chimelong Ocean

Kingdom，China[J].Sustainability，2022，14（4）：2349.

荆楚网.提供大量工作岗位，拉动其他产业发展，主题乐园为城市消费带来新动能 [EB/OL].https：//baijiahao.baidu.com/s?id=1772088235650629526&wfr=spider&for=pc.

来也旅游规划.我国主题公园只有 10% 实现盈利，而东京迪士尼重游率97%，是何原因 ?[EB/OL].https：//www.sohu.com/a/244323576_447655.

智研咨询.2023 年主题公园行业未来发展趋势研究报告 [EB/OL].https：//business.sohu.com/a/707049081_121395006.

中国主题公园研究院.2022 中国主题公园竞争力评价报告 [EB/OL].www.our-themepark.com/index/baogao.

中国主题公园研究院.2023 中国主题公园竞争力评价报告 [EB/OL].www.our-themepark.com/index/baogao.

旭科讯.上海迪士尼挤爆下：中国本土主题公园冷清 游客忠诚度低 [EB/OL].https：//baijiahao.baidu.com/s?id=1804062549728516929&wfr=spider&for=pc.

迈点.2023 年中国旅游市场分析报告 [EB/OL].https：//www.jiemian.com/article/10825693.html.

叶浩生.西方心理学理论与流派 [M].广州：广东高等教育出版社，2004.

周俊，马世澎.SPSSAU 科研数据分析方法与应用 [M].北京：电子工业出版社，2024.

吴明隆.结构方程模型——AMOS 的操作与应用 [M].2 版.重庆：重庆大学出版社，2022.

附　录

附录1　数据分析中的数据编码

序号	变量名称	编码
1	自我一致性	SC
2	实际自我一致性	ASC
3	实际自我一致性维度1	SC1
4	实际自我一致性维度2	SC2
5	实际自我一致性维度3	SC3
6	理想自我一致性	ISC
7	理想自我一致性维度1	SC4
8	理想自我一致性维度2	SC5
9	理想自我一致性维度3	SC6
10	功能一致性	FC
11	功能一致性维度1：交通	FC1
12	功能一致性维度2：环境优美度	FC2

续表

序号	变量名称	编码
13	功能一致性维度3：项目多样性	FC3
14	功能一致性维度4：项目品质	FC4
15	功能一致性维度5：主题性	FC5
16	功能一致性维度6：服务设施	FC6
17	功能一致性维度7：服务人员	FC7
18	功能一致性维度8：清洁卫生	FC8
19	功能一致性维度9：安全性	FC9
20	功能一致性维度10：价格	FC10
21	功能一致性维度公因子1：旅游吸引要素	AFC
22	功能一致性维度公因子2：旅游服务要素	SFC
23	旅游涉入	INVOL
24	旅游涉入维度1：意义	INVOL1
25	旅游涉入维度2：重要性	INVOL2
26	旅游涉入维度3：价值	INVOL3
27	旅游涉入维度4：关联性	INVOL4
28	旅游涉入维度5：内在需要	INVOL5
29	旅游涉入维度6：兴趣	INVOL6
30	旅游涉入维度7：吸引力	INVOL7
31	旅游涉入维度8：着迷度	INVOL8
32	旅游涉入维度9：兴奋度	INVOL9
33	旅游涉入维度10：投入度	INVOL10
34	旅游涉入公因子1：重要性	INVOLA
35	旅游涉入公因子2：关联性	INVOLB
36	旅游涉入公因子3：吸引力	INVOLC

续表

序号	变量名称	编码
37	主题公园游客忠诚度	TLWTP
38	主题公园游客忠诚度维度 1：重游意向	TLWTP1
39	主题公园游客忠诚度维度 2：推荐意向	TLWTP2
40	主题公园游客忠诚度维度 3：正向评价	TLWTP3

附录 2　无锡市主题公园问卷调查

您好！我们正在对无锡市主题公园进行旅游研究，诚邀您参与此次问卷调查。请放心，您的回答会被严格保密，不会被任何研究者以外的人阅读。衷心感谢您的支持并祝您身体健康、工作顺利、万事如意！

1. 在过去的 12 个月内，您是否去过无锡四大主题公园（无锡融创乐园、CCTV 无锡外景基地、无锡灵山景区、无锡拈花湾）中的至少一个？［单选题］
　　○是
　　○否（请跳至第问卷末尾，提交答卷）

2. 您是否已满 18 周岁？［单选题］
　　○是
　　○否（请跳至第问卷末尾，提交答卷）

3. 您最近一次去的是无锡四大主题公园中的哪一家？［单选题］
　　○无锡融创乐园
　　○ CCTV 无锡外景基地
　　○无锡灵山景区
　　○无锡拈花湾

4~12 题为自我一致性调查，调查去 [q3]（第三个问题）游玩的典型游客形象与您自我形象的异同。

4. 思考一下 [q3]，考虑一下光顾这里的通常是什么样的人（也即典型游客），然后用至少三个人格形容词（例如，快乐的、小清新、热爱文艺的，等等）来描述这类人：［填空题］

───────────────

5. [q3] 的典型游客，与我眼中的自己是同一类型的人。［单选题］
很不同意　○1　　○2　　○3　　○4　　○5　　很同意

6. [q3] 的典型游客，反映了我是什么样的人。［单选题］
很不同意　○1　　○2　　○3　　○4　　○5　　很同意

7. [q3] 的典型游客，和我相似。［单选题］
很不同意　○1　　○2　　○3　　○4　　○5　　很同意

175

8.您是什么样的人？请用至少三个人格形容词描述。[填空题]

_____

依赖于第5题第1、2、3个选项,第6题第1、2、3个选项,第7题第1、2、3个选项

9.[q3]的典型游客,跟我希望看到的那个自己是同一类型的人。[单选题]

很不同意　○1　　○2　　○3　　○4　　○5　　很同意

10.[q3]的典型游客,反映了我想要成为的那种人。[单选题]

很不同意　○1　　○2　　○3　　○4　　○5　　很同意

11.[q3]的典型游客,与我想成为的那种人相似。[单选题]

很不同意　○1　　○2　　○3　　○4　　○5　　很同意

12.您想成为什么样的人？请用至少三个人格形容词描述。[填空题]

_____

依赖于第9题第1、2、3个选项,第10题第1、2、3个选项,第11题第1、2、3个选项

13~22题为功能一致性调查。请根据您感知到的真实情况进行选择。

13.[q3]交通便利。[单选题]

很不同意　○1　　○2　　○3　　○4　　○5　　很同意

14.[q3]环境优美。[单选题]

很不同意　○1　　○2　　○3　　○4　　○5　　很同意

15.[q3]的娱乐设施、活动项目或景观丰富多样。[单选题]

很不同意　○1　　○2　　○3　　○4　　○5　　很同意

16.[q3]的娱乐设施、活动项目或景观品质高。[单选题]

很不同意　○1　　○2　　○3　　○4　　○5　　很同意

17.[q3]的氛围及场景（建筑、装饰、娱乐设施、表演等）与主题一致。[单选题]

很不同意　○1　　○2　　○3　　○4　　○5　　很同意

18.[q3]的服务设施完善。[单选题]

很不同意　○1　　○2　　○3　　○4　　○5　　很同意

19.[q3]的服务人员友善、专业。[单选题]

很不同意　○1　　○2　　○3　　○4　　○5　　很同意

20.[q3] 环境清洁、卫生。[单选题]

很不同意　○1　　○2　　○3　　○4　　○5　　很同意

21. 在 [q3] 游玩安全可靠。[单选题]

很不同意　○1　　○2　　○3　　○4　　○5　　很同意

22.[q3] 价格合理。[单选题]

很不同意　○1　　○2　　○3　　○4　　○5　　很同意

23~38 题为旅游涉入、旅游经历、忠诚度等调查。请根据真实情况选择符合自己的选项。

23. 到 [q3] 游玩对我来说是很重要的活动。[单选题]

很不符合　○1　　○2　　○3　　○4　　○5　　很符合

24. 到 [q3] 游玩对我来说是很有意义的活动。[单选题]

很不符合　○1　　○2　　○3　　○4　　○5　　很符合

25. 到 [q3] 游玩对我来说是有价值的。[单选题]

很不符合　○1　　○2　　○3　　○4　　○5　　很符合

26.[q3] 和我具有关联性。[单选题]*

很不符合　○1　　○2　　○3　　○4　　○5　　很符合

27. 到 [q3] 游玩对我来说是需要的。[单选题]

很不符合　○1　　○2　　○3　　○4　　○5　　很符合

28. 我对 [q3] 非常感兴趣。[单选题]

很不符合　○1　　○2　　○3　　○4　　○5　　很符合

29.[q3] 对我非常有吸引力。[单选题]

很不符合　○1　　○2　　○3　　○4　　○5　　很符合

30. 在 [q3] 游玩令我着迷。[单选题]

很不符合　○1　　○2　　○3　　○4　　○5　　很符合

31. 在 [q3] 游玩我很兴奋。[单选题]

很不符合　○1　　○2　　○3　　○4　　○5　　很符合

32. 在 [q3] 游玩我非常投入。[单选题]

很不符合　○1　　○2　　○3　　○4　　○5　　很符合

33. 您去过 [q3] 几次？[单选题]

○一次　　○两次及以上

34. 在 [q3] 游玩时，您是否在里面的酒店或客栈住过？[单选题]

○住过

○没住过（请跳至第 36 题）

依赖于第 3 题第 4 个选项

35. 在 [q3] 内的酒店或客栈住宿，您的满意度如何？[单选题]

很不满意　○1　　○2　　○3　　○4　　○5　　很满意

依赖于第 3 题第 4 个选项

36. 您打算重游 [q3]。[单选题]

很不符合　○1　　○2　　○3　　○4　　○5　　很符合

37. 您会向家人或朋友推荐 [q3]。[单选题]

很不符合　○1　　○2　　○3　　○4　　○5　　很符合

38. 您会在亲人、朋友面前或其他媒体（如网络）上对 [q3] 做出正面评价。[单选题]

很不符合　○1　　○2　　○3　　○4　　○5　　很符合

39~46 题为个人基本情况调查。

39. 您的性别：[单选题]

○男　　　　○女

40. 您的年龄段：[单选题]

○ 18~25 岁　　　　○ 26~30 岁　○ 31~40 岁　　○ 41~50 岁

○ 51~60 岁　　　　○ 60 岁以上

41. 您的居住地：[单选题]

○无锡（含江阴、宜兴）

○长三角地区（除无锡外的江苏、上海、浙江、安徽）

○其他地区

42. 您的学历：[单选题]

○初中及以下

○高中 / 中专

○大学专科

○大学本科

○研究生及以上

43. 您目前从事的职业：[单选题]

○学生

○公司或企业职员

○政府职员

○个体职业者

○事业单位人员

○离退休人员

○其他

44. 您的婚姻状况：[单选题]

○未婚

○已婚

○离异

45. 您的家庭年收入：[单选题]

○ 10 万元以下

○ 10 万 ~20 万元

○ 20 万 ~30 万元

○ 30 万 ~50 万元

○ 50 万 ~100 万元

○ 100 万元及以上

46. 您最近一次游玩 [q3] 是与谁一起？[多选题]

□独自

□朋友

□同事

□情侣 / 夫妻

□父母

□孩子

□旅行社组团

□其他

再次感谢您的帮助与支持！祝您生活愉快！

项目策划：张芸艳
责任编辑：张芸艳
责任印制：钱　宬
封面设计：武　鑫

图书在版编目（ＣＩＰ）数据

自我一致性和功能一致性对主题公园游客忠诚度影响
研究 / 许刚，张莺莺著． -- 北京：中国旅游出版社，
2025.4

ISBN 978-7-5032-7269-1

Ⅰ．①自… Ⅱ．①许… ②张… Ⅲ．①主题-公园-
旅游业发展-研究-中国 Ⅳ．① F592.3

中国国家版本馆 CIP 数据核字 (2024) 第 018495 号

书　　名：自我一致性和功能一致性对主题公园游客忠诚度影响研究

作　　者：许　刚　张莺莺
出版发行：中国旅游出版社
　　　　　（北京静安东里 6 号　邮编：100028）
　　　　　https://www.cttp.net.cn E-mail:cttp@mct.gov.cn
　　　　　营销中心电话：010-57377103，010-57377106
　　　　　读者服务部电话：010-57377107
排　　版：北京数启智云文化科技有限公司
经　　销：全国各地新华书店
印　　刷：北京明恒达印务有限公司
版　　次：2025 年 4 月第 1 版　2025 年 4 月第 1 次印刷
开　　本：720 毫米 ×970 毫米　1/16
印　　张：11.75
字　　数：183 千
定　　价：49.80 元
ＩＳＢＮ 978-7-5032-7269-1